2023·1 总85

中国税收季度报告

国家税务总局 编

China
Taxation
Quarterly Report

中国税务出版社

Contents 目录

■ 2023年·第1季度

税收要论

落实新时代党的建设总要求
构建税务系统全面从严治党新格局

税收要论

5　落实新时代党的建设总要求
　　构建税务系统全面从严治党新格局

税收要情

9　国家税务总局党委理论学习中心组学习（扩大）会议召开
　　进一步深学细悟党的二十大精神
　　奋力推动税收现代化更好服务中国式现代化

11　国家税务总局召开党委（扩大）会议
　　传达学习习近平总书记在二十届中央纪委
　　二次全会上的重要讲话和全会精神

12　深入学习贯彻党的二十大精神
　　守正创新奋力推进新征程税收现代化
　　——全国税务工作会议在京召开

16　深入学习贯彻党的二十大和中央纪委二次全会精神
　　持续推动税务系统全面从严治党向纵深发展
　　——全国税务系统全面从严治党工作会议在京召开

18　国家税务总局党委召开2022年度民主生活会

19　王军慰问总局机关、基层税务干部职工和驻总局武警官兵
　　让便利服务更有感　让办税缴费更智能
　　让后勤保障更贴心　让安全值守更给力

21　昂首阔步启新程　接续奋斗谱新篇
　　——农历新年上班首日各级税务机关统一举行升国旗仪式

22　以上率下　同向发力
　　推动税务系统全面从严治党向纵深发展
　　——省级税务局党委书记述责述廉、抓党建述职评议
　　会议召开

23	王军督导天津市税务局党委民主生活会并慰问基层税务干部时强调 　　开拓进取勇突破　创先争优激活力 　　在税收现代化服务中国式现代化新征程上奋力前行
24	国家税务总局召开党委（扩大）会议 　　认真学习领会习近平总书记在学习贯彻党的二十大精神 　　研讨班开班式上的重要讲话精神
25	国家税务总局召开党委（扩大）会议 　　传达学习贯彻党的二十届二中全会精神
26	王军在河南调研税收工作时指出 　　夯实政治机关建设基层基础　保障税收现代化行稳致远
28	王军在陕西调研税收工作时指出 　　认真落实延续和优化实施的阶段性税费优惠政策 　　倾力服务经济社会高质量发展
29	第32个全国税收宣传月启动仪式 　　暨青少年税收普法专题活动在京举行
31	2023年度《中国税务年鉴》《中华人民共和国税法》 　　编辑委员会会议在京召开
32	"一带一路"税收征管合作机制举办圆桌会议
33	国家税务总局新闻发布会实录

税收政策及解读

39	国家税务总局关于开展2023年"便民办税春风行动"的意见
42	国家税务总局关于进一步实施部分税务证明事项告知承诺制的公告
44	财政部　税务总局关于明确增值税小规模纳税人减免增值税等政策的公告
45	国家税务总局关于增值税小规模纳税人减免增值税等政策有关征管事项的公告
52	财政部　税务总局关于延续实施有关个人所得税优惠政策的公告
52	财政部　海关总署　税务总局关于跨境电子商务出口退运商品税收政策的公告
53	国家税务总局　工业和信息化部关于发布《免征车辆购置税的设有固定装置的 　　非运输专用作业车辆目录》（第八批）的公告
55	国家税务总局关于办理2022年度个人所得税综合所得汇算清缴事项的公告
60	商务部　中央编办　外交部　发展改革委　教育部　工业和信息化部 　　财政部　人力资源社会保障部　自然资源部　住房城乡建设部 　　文化和旅游部　人民银行　海关总署　税务总局　国际发展合作署 　　移民局　外汇局关于服务构建新发展格局推动边（跨）境经济合作区高质量 　　发展若干措施的通知
63	国家税务总局关于发布出口退税率文库2023A版的通知
63	国家税务总局关于接续推出2023年"便民办税春风行动"第二批措施的通知

图书在版编目（CIP）数据

中国税收季度报告. 2023.1／国家税务总局编. ——北京：中国税务出版社，2023.4
ISBN 978-7-5678-1356-4

Ⅰ.①中… Ⅱ.①国… Ⅲ.①税收管理-工作报告-中国-2023　Ⅳ.① F812.423

中国国家版本馆CIP数据核字(2023)第058701号

©版权声明

《中国税收季度报告》所有内容（除特别注明外）由国家税务总局提供，中国税务出版社编辑出版，所涉及文字、图片、图表、版面设计等未经本社许可，任何人不得转载、摘编或以其他任何形式使用。违反上述声明者，本社将依法追究其法律责任。

版权所有·侵权必究

书　　名：	中国税收季度报告（2023·1）
作　　者：	国家税务总局　编
责任编辑：	王振波　王　玥
设计制作：	李本洋
责任校对：	姚浩晴
出版发行：	中国税务出版社
地　　址：	北京市丰台区广安路9号 国投财富广场1号楼11层
邮　　编：	100055
网　　址：	https://www.taxation.cn
投　　稿：	https://www.taxation.cn/qt/zztg
印　　刷：	北京天宇星印刷厂
规　　格：	889毫米×1194毫米　1/16
印　　张：	5.75
字　　数：	138000字
版　　次：	2023年4月第1版 2023年4月北京第1次印刷
书　　号：	ISBN 978-7-5678-1356-4
定　　价：	48.00元

如有印装错误　本社负责调换

目 录

2023年·第1季度

67 国家发展改革委 工业和信息化部 财政部 海关总署 税务总局
关于做好2023年享受税收优惠政策的集成电路企业或项目、软件企业清单制定工作有关要求的通知

74 海关总署 财政部 税务总局关于增加海南离岛免税购物"担保即提"和"即购即提"提货方式的公告

76 财政部 税务总局关于继续实施物流企业大宗商品仓储设施用地城镇土地使用税优惠政策的公告

77 财政部 税务总局关于小微企业和个体工商户所得税优惠政策的公告

78 财政部 税务总局关于进一步完善研发费用税前加计扣除政策的公告

78 国家税务总局关于落实支持个体工商户发展个人所得税优惠政策有关事项的公告

80 国家税务总局关于落实小型微利企业所得税优惠政策征管问题的公告

83 人力资源社会保障部 财政部 国家税务总局关于阶段性降低失业保险、工伤保险费率有关问题的通知

83 研发费用税前加计扣除新政指引

86 主要涉税文件目录（2023年第1季度）

附录

89 中国税收要事（2023年第1季度）

封二 国家税务总局召开党委（扩大）会议
传达学习贯彻习近平总书记在全国两会期间的重要讲话和全国两会精神

封三 春风传税语 微蓝润民心
——国家税务总局北京市丰台区税务局持续"春风送暖"第十年

落实新时代党的建设总要求
构建税务系统全面从严治党新格局*

□ 国家税务总局党委书记、局长 王 军

习近平总书记在党的二十大报告中指出，经过不懈努力，党找到了自我革命这一跳出治乱兴衰历史周期率的第二个答案；并鲜明强调，要落实新时代党的建设总要求，健全全面从严治党体系，全面推进党的自我净化、自我完善、自我革新、自我提高，使我们党坚守初心使命，始终成为中国特色社会主义事业的坚强领导核心。党的十八大以来，国家税务总局党委始终认真学习贯彻习近平总书记关于全面从严治党系列重要论述和关于党的自我革命的战略思想，以彻底的自我革命精神，推动税务系统全面从严治党不断向纵深发展、向基层延伸，着力构建完善"政治建设一体深化、两个责任一体发力、综合监督一体集成、党建业务一体融合、约束激励一体抓实、组织体系一体贯通"的"六位一体"税务系统全面从严治党新格局，引领保障新时代税收现代化持续向更高水平迈进。

着力推进"政治建设一体深化"，切实加强党对税收工作的全面领导

习近平总书记强调，中央和国家机关必须牢固树立政治机关的意识。税务总局党委始终牢记税务机关首先是政治机关，坚持各级税务机关都是政治机关，必须在政治立场、政治方向、政治原则、政治道路上同党中央始终保持高度一致。坚持在学懂弄通做实习近平新时代中国特色社会主义思想上下功夫，带头严格执行党委会"第一议题"制度，每次党委会都首先传达学习习近平总书记重要讲话和重要指示批示精神，深入研究贯彻落实措施，并对各级税务局党委提出相应要求，同步强化督促指导，切实把党的创新理论转化为坚定理想、锤炼党性和指导实践、推动工作的强大力量。建立健全习近平总书记关于税收工作的重要讲话和重要指示批示精神贯彻落实情况台账，不断完善"学习研究、任务部署、办理落实、跟踪问效、督考推进、持续深化"的落实工作闭环，并定期开展"回头看"，确保党中央、国务院重大决策部署在税务系统不折不扣落地生根。坚持把党的政治建设摆在首位，制定《深

---

* 本文原载于《党建研究》2023年第1期。

入推进税务系统党的建设高质量发展两年行动方案（2021—2022年）》，明确政治建设质量提升行动等8个方面46项重点任务，一体推进税务总局机关和税务系统"建强政治机关、走好第一方阵"。常态化开展政治生态评价，努力在全系统塑造良好的政治生态。坚持把政治巡视巡察不断引向深入，建立税务总局党委统一领导，省、市两级税务局党委分级负责的"一级巡视、两级巡察"税务巡视巡察工作体制，探索"党委书记点、党委委员谈、职能部门促、监督部门督、组办联合审、系统对照纠"的整改促进机制和评估机制，着力加大内部巡视巡察整改力度和成果运用。税务总局党委将按照党的二十大关于加强党的政治建设的战略部署，持续深入学习领会习近平新时代中国特色社会主义思想的世界观和方法论，坚持好、运用好贯穿其中的立场观点方法，不断健全完善党中央重大决策部署落实机制，把坚定拥护"两个确立"、坚决做到"两个维护"切实体现到各项具体工作和实际行动上。

着力推进"两个责任一体发力"，扛牢压实管党治党政治责任

习近平总书记强调，不明确责任，不落实责任，不追究责任，从严治党是做不到的。税务总局党委深刻认识到，税务系统队伍大、层级多、链条长，坚持自我革命、推进全面从严治党，只有紧紧牵住责任制这个"牛鼻子"，压实每一层级、每一主体管党治党政治责任，才能把这支大队伍管好带好。研究制定落实全面从严治党主体责任和监督责任实施办法，以清单化形式逐一明确8类责任主体110项261条责任事项。同步开发党建云平台，将"两个责任"清单和党中央最新要求嵌入信息系统，实时自动推送各类主体，确保责任落实落地。坚持"书记抓、抓书记"，从税务总局到各级税务局党委，每年逐级听取内设机构主要负责同志和下级税务局党委书记党建工作述职，确保把主体责任放在心上、扛在肩上、抓在手上。紧盯个别地方税务局党委和班子成员失职失责问题，通过约谈诫勉、实名通报等强化责任追究。探索建立"下抓两级、抓深一层"工作机制，实行总局主抓省局、延伸带市局，省局主抓市局、延伸带县局，市局主抓县局、延伸带税务分局（所），形成两级推动、逐级延伸的责任体系，打通主体责任落实"最后一公里"。税务总局党委将按照党的二十大关于落实全面从严治党政治责任、用好问责利器的部署要求，进一步强化责任落实，把主体责任和监督责任一贯到底，推动各级"一把手"严格履行第一责任人职责、各级班子成员切实扛牢"一岗双责"，确保压力层层传导到位、责任层层落实到位。

着力推进"综合监督一体集成"，切实增强监督合力和监督效能

税务总局党委认真落实习近平总书记关于把各类监督"结合起来、融为一体"的重要指示精神，结合深化税务系统纪检监察体制改革试点，主动探索构建税务系统一体化综合监督体系，将党委全面监督、纪检机构专责监督、部门职能监督、党的基层组织日常监督、党员和群众民主监督、地方党政机关监督以及社会监督贯通融合，推动汇聚更大的监督合力。认真贯彻《中共中央关于加强对"一把手"和领导班子监督的意见》，以责任清单形式将其25项工作要求细化分解到责任部门，不断增强对"一把手"和领导班子监督实效。旗帜鲜明支持中央纪委国家监委驻税务总局纪检监察组工作并自觉接受监督，联合建立工作协调机制，共同研究推进税务系统全面从严治党工作。稳妥有序推进税务系统纪检监察体制改革试点，实现省、市、县三级税务局全覆盖。坚持把监督融入业务、融入信息系统、融入岗责体系，全面上线内控监督平台，编制10大类业务风险清单，设置1200余项防控措施，基本实现对税收执法和行政管理"两权"运行重点环节的全覆盖。结合智慧税务建设推进"智慧监督"，加快

构建全面覆盖、全程防控、全员有责的税务执法风险信息化内控监督体系，着力推动"风险排查常态化、防控机制内生化、内控监督系统化"。自觉接受社会监督，主动听取意见建议，在全国范围内组织开展税费服务体验师定向体验活动，开通"12366"退税减税意见专线，既为落实政策织密监督之网，又为改进工作凝聚众人之智。税务总局党委将按照党的二十大提出的健全党统一领导、全面覆盖、权威高效的监督体系要求，持续健全完善一体化综合监督体系，以纪检机构专责监督撬动各类监督协调贯通，持续提升各类监督实效，特别是不断强化智税风控，让权力在更加明亮的阳光下健康运行。

着力推进"党建业务一体融合"，不断提升税务系统党建工作质量

税务总局党委始终牢记习近平总书记关于"把抓好党建作为最大的政绩"的重要指示要求，坚持围绕中心抓党建、抓好党建促业务，坚持不懈以税务党建高质量发展引领各项税收工作高质量开展。持续完善"纵合横通强党建"机制制度体系，针对客观上面临上级税务机关与同级地方党委抓党建工作"两边管、两难管"的难题，以及党建与业务融合不够紧密等问题，按照"条主责、块双重，纵合力、横联通，齐心抓、党建兴"的思路，纵向上不断凝聚"系统上下级、系统与地方"共抓党建的"两个合力"，横向上持续推动党建与税收业务等"七个打通"，着力推动税务党建提质增效。积极推进党建与业务深度融合，研究制定税务系统促进党建和业务深度融合的18项措施，分条线研究制定党建与业务融合工作指引，更加有力有效地推动党建和业务融合贯通。在落实大规模留抵退税政策中，坚持党建与业务深度融合、全面从严治党与业务工作风险防范深度聚合、保障重点工作落实与加强干部队伍建设深度结合，探索实施"快退税款、狠打骗退、严查内错、欢迎外督、持续宣传"的一套多兵种合成式作战策略打法，有效破解党建与业务"两张皮"问题，有力确保留抵退税政策落准落好，为激发市场主体活力、稳定宏观经济大盘发挥了关键性作用。坚持以党建引领保障税收重大改革任务落地，在营改增、国税地税征管体制改革、落实大规模减税降费、综合与分类相结合的个人所得税改革等重大改革中，始终坚持"改革未动、党建先行，改革推进、党建强化，改革落地、党建升华"，做到改革推进到哪里，党的旗帜就高高飘扬在哪里。税务总局党委将认真落实党的二十大关于全面提高机关党建质量的工作要求，全面抓好机关党建工作，持续推动党建与业务同向聚合、深度融合，以更高质量的税务党建引领保证党的税收事业高质量发展。

着力推进"约束激励一体抓实"，持续营造风清气正的良好政治生态

税务总局党委认真学习领会习近平总书记关于"坚持严管和厚爱相结合、激励和约束并重"的重要指示精神，持续推动惩治震慑、制度约束、提高觉悟一体发力，大力营造干事创业、向上向善氛围。始终坚持正确选人用人导向，从有利于事业发展和干部成长出发，积极稳妥推进职务与职级并行和干部选任等工作，进一步打开干部成长空间。出台进一步激励税务干部担当作为的15条措施，积极做好税务系统先进典型选树宣传工作，先后开展"中国好税官""最美税务人"等评选活动，创新推出"典型宣讲+为民办实事"宣讲模式，多轮次开展"担当作为你最美"巡回宣讲活动，激发创先争优积极性。认真落实"三个区分开来"要求，结合实际探索制定税务系统容错纠错实施办法等制度，为担当干事者撑腰鼓劲。建立整治形式主义为基层减负专项工作机制，紧盯形式主义、官僚主义突出问题，分批接续推出为基层减负系列措施，有效促进基层干部腾出更多精力抓落实。坚持以严的基调强化正风肃纪反腐，严格执行中央八项规定及其实施细则精神，出台整治违反中央八项规定精神问题135项负面清单、公务接待8项正面清单，坚决防止"四风"问题反弹回潮。先后组织开展税务干部涉黑涉恶和充当"保护伞"专项治理、违规收送礼品礼金和私车公养问题专项整治、纪律作风问题专项整治等，精准有效运用监督执纪"四种形态"，持续释放越往后执纪越严的强烈信号。坚持把纪律教育融入日常、抓在平常，每年召开警示教育大会，持续完善以案促改、以案促治工作机制，做深做细查办案件"后半篇文章"。着力防范税务部门潜在的执法和廉政风险，推动纪检与督察内审、税务稽查等部门统筹联动，对税务人员失职失责特别是与不法分子内外勾结、通同作弊等行为严查快处、公开曝光，并举一反三完善相关机制制度，有力护航政策落准落稳。税务总局党委将按照党的二十大关于坚持不敢腐、不能腐、不想腐一体推进，同时发力、同向发力、综合发力的部署要求，坚持严的基调不动摇，进一步做深做实"全周期管理"，不断强化震慑警示和教育引导，切实深化标本兼治，进一步塑造风清气正、干事创业的良好生态。

着力推进"组织体系一体贯通"，有效增强各级税务党建部门和纪检机构的协同力战斗力

习近平总书记强调，只有党的各级组织都健全、都过硬，形成上下贯通、执行有力的严密组织体系，党的领导才能"如身使臂、如臂使指"。税务总局党委认真学习贯彻习近平总书记重要讲话精神，持续完善税务部门党委领导体制和基层党组织体系，一体贯通推进税务系统党建、纪检机构和干部队伍建设，为纵深推进全面从严治党提供坚实组织保障。健全完善党建机构设置，从税务总局到省、市级税务局均设立机关党委和系统党建工作部门，分别负责机关和系统党建工作，县级税务局实行机关党委和党建工作股合署办公，上下一条线的党建工作机构不断健全。打造过硬党务和纪检干部队伍，推动全系统选优配强党务干部，目前全系统共配备2.2万名专职党务干部，占在职干部总数的3.1%。始终高度重视各级税务局党委纪检组组长选配，坚持依事择人、人岗相适、优中选优，对各级纪检干部配备提出明确要求，进一步做实机关纪委，推动纪检专责监督向派出机构延伸。税务总局党委将按照党的二十大关于增强党组织政治功能和组织功能的部署要求，进一步健全税务部门党的组织体系，坚持大抓基层的鲜明导向，着力把基层党组织建设成为坚强战斗堡垒，不断增强各级税务党组织的凝聚力战斗力。

习近平总书记强调，全党必须牢记，全面从严治党永远在路上，党的自我革命永远在路上。新征程上，全国税务系统将坚持以习近平新时代中国特色社会主义思想为指导，认真贯彻落实党的二十大精神，深刻领悟"两个确立"的决定性意义，增强"四个意识"、坚定"四个自信"、做到"两个维护"，继续发扬自我革命精神，以深化中央巡视整改为动力，以永远在路上的执着和永远吹响冲锋号的清醒，持续完善"六位一体"税务系统全面从严治党新格局，为奋力推进新征程税收现代化提供坚强政治保障，书写税收现代化服务中国式现代化的崭新篇章！

国家税务总局党委理论学习中心组学习（扩大）会议召开
进一步深学细悟党的二十大精神
奋力推动税收现代化更好服务中国式现代化

2023年1月6日，国家税务总局党委召开理论学习中心组学习（扩大）会议，税务总局班子成员和全国税务系统司局级主要领导干部围绕学习贯彻党的二十大精神进行集中学习和研讨。税务总局党委书记、局长王军主持会议并强调，全国税务系统要更加紧密团结在以习近平同志为核心的党中央周围，坚持以习近平新时代中国特色社会主义思想为指导，全面贯彻落实党的二十大及中央经济工作会议精神，更加深刻领悟"两个确立"的决定性意义，增强"四个意识"、坚定"四个自信"、做到"两个维护"，深学笃信悟思想，守正创新再出发，奋力推动税收现代化更好服务中国式现代化，为全面建设社会主义现代化国家、全面推进中华民族伟大复兴作出新的更大贡献。

此次会议作为税务总局领导班子2022年度民主生活会前开展的一次集体学习，税务总局党委理论学习中心组成员聚焦学习贯彻党的二十大精神和中央政治局民主生活会精神，作交流发言。全国税务系统司局级主要领导干部围绕学习贯彻党的二十大精神，深入推进税收现代化，更好服务中国式现代化进行专题研讨。

在认真听取大家的发言后，王军分享了学习体会。他指出，通过反复研读党的二十大报告、习近平总书记在党的二十大期间发表的系列重要讲话和在党的二十届一中全会及中央政治局民主生活会上的重要讲话精神，认真学习新修订的党章和《党的二十大报告辅导读本》及相关理论文章，进一步加深了对党的二十大精神的理解和认识，更加深刻领悟到党的二十大是我们党在关键历史时刻召开的一次具有里程碑意义的大会，党的二十大报告是一篇划时代的马克思主义光辉文献，是中国共产党带领全党全国各族人民奋进新征程、夺取新胜利的政治宣言书。

会议强调，各级税务机关要紧紧围绕习近平总书记在参加党的二十大广西代表团讨论时强调的"五个牢牢把握"重要要求，紧密结合学习领会中央经济工作会议精神，以及习近平总书记在中央政治局民主生活会上的重要讲话精神，进一步学深悟透党的二十大精神，不断推动税收现代化更好服务中国式现代化。要在牢牢把握过去五年工作和新时代十年伟大变革的重大意义中，更加深刻地领悟"两个确立"的决定性意义，更加自觉地把学习党的创新理论成效转化为做到"两个维护"的实际行动，更加坚定地增强全面建成社会主义现代化强国、实现第二个百年奋斗目标的必胜信念。要在牢牢把握习近平新时代中国特色社会主义思想的世界观和方法论中，深入学习领会贯穿其中的立场观点方法、道理学理哲理，一以贯之坚持守正创新，以中国化时代化的马克思主义最新成果指导税收工作实践，为破解税收改革发展难题，持续推进税收现代化提供不竭动力。要在牢牢把握以中国式现代化推进中华民族伟大复兴的使命任务中，深入学习贯彻习近平经济思想和习近平总书记关于税收工作的重要论述，切实增强历史主动精神，奋进担当作为，充分发挥税收在国家治理中的基础性、支柱性、保障性作用，以高质量的税收现代化助力高质量发展，推动中国式现代化。要在牢牢把握以伟大自我革命引领伟大社会革命的重要要求中，不断增强"两个永远在路上"的坚定决心和坚强意志，持之以恒培养忠诚干净担当的税务铁军，强化斗争精神、经受斗争磨砺、增强斗争本领，扎牢织密制度笼子，进一步推动税务系统全面从严治党向纵深发展。要在牢牢把握团结奋斗的时代要求中，更加紧密地团结在以习近平同志为核心的党中央周围，更加坚决地维护党中央集中统一领导，与党中央同心同德，以党的旗帜为旗帜，以党的方向为方向，以党的意志为意志，确保党的全面领导贯穿税收工作全过程各方面，确保党的税收事业沿着正确方向前进。

会议就进一步深入学习贯彻党的二十大精神、开好2022年度民主生活会、做好春节前后税收重点工作进行了部署。一是常学常新抓好党的二十大精神学习研讨。把学习贯彻落实党的二十大精神作为当前和今后一个时期的首要政治任务，深入开展常态化的研讨交流活动，与学习贯彻落实中央经济工作会议精神紧密结合，不折不扣落实会议部署的涉税任务，统筹做好"税收现代化服务中国式现代化"大讨论成果运用等工作。二是高标高质开好年度民主生活会。进一步深入学习领会习近平总书记在中央政治局民主生活会上的重要讲话精神，提升政治站位，精心组织安排，认真做好集中学习、征求意见、谈心谈话、撰写对照检查材料等准备工作，切实增强相互批评"辣味"，确保民主生活会开出高质量、好成效。三是加力加劲做好春节前后税收重点工作。进一步学习贯彻习近平总书记关于巡视工作的重要论述和巡视整改的系列重要讲话精神，深入贯彻二十届中央纪委二次全会精神，认真落实中央纪委国家监委要求，持续巩固深化拓展巡视整改成效。扎实做好依法依规组织收入和减税降费工作，坚决守住不收"过头税费"的底线。积极推进"便民办税春风行动"，分批次推出系列改革创新举措，不断增强纳税人缴费人满意度获得感。切实抓好税收征管改革任务落地，着力推进精确执法、精细服务、精准监管、精诚共治取得更大突破性进展。继续扎实推进深化税务系统纪检监察体制改革，抓好春节这一重要节点的廉政教育和风险防范，进一步营造风清气正的良好环境。认真开展走访慰问工作，严格落实值班值守要求，保障节日期间安全稳定、运转有序。

会议要求，各级税务机关要进一步高效统筹疫情防控和各项税收工作，加强对受感染特别是重症人员和基层乡镇、边远地区税务干部及离退休老同志的关心帮扶，切实帮助解决就医用药等实际困难，确保干部职工及家属身体健康得到最大程度保障。同时，要确保信息系统平稳运行和绝对安全，确保为纳税人缴费人服务不断档、不掉线，确保税收支持经济运行整体好转等各项工作有力推进。

税务总局领导班子成员，中央纪委国家监委驻税务总局纪检监察组负责同志、税务总局机关各司局主要负责同志在主会场参加会议。各省级税务局、税务总局驻各地特派办、税务干部学院班子成员在分会场参会。

国家税务总局召开党委（扩大）会议
传达学习习近平总书记在二十届中央纪委二次全会上的重要讲话和全会精神

2023年1月12日，税务总局党委书记、局长王军主持召开党委（扩大）会议，传达学习习近平总书记在二十届中央纪委二次全会上的重要讲话和全会精神，对总局机关和税务系统抓好贯彻落实工作作出部署。中央纪委国家监委驻税务总局纪检监察组组长、税务总局党委委员李建明结合参加全会情况谈了认识体会，并就深入推进税务系统全面从严治党提出要求。税务总局党委委员、副局长姚来英等局领导谈了学习体会和贯彻落实打算。

会议指出，二十届中央纪委二次全会是在贯彻党的二十大精神开局之年召开的一次重要会议，习近平总书记在全会上的重要讲话，高屋建瓴、思想深邃、内涵丰富、论述精辟，具有很强的政治性、指导性、针对性，充分展现了以习近平同志为核心的党中央将党的自我革命进行到底的鲜明态度和坚定决心，是推进新时代全面从严治党又一篇十分重要的纲领性文献，为我们深入贯彻党的二十大精神、在新时代新征程上纵深推进党的建设新的伟大工程指明了前进方向、提供了根本遵循。

会议强调，学习领会习近平总书记重要讲话和全会精神，要深刻把握大党独有难题的形成原因、主要表现和破解之道，深刻把握健全全面从严治党体系的基本内涵、目标任务、实践要求，在新时代新征程上一刻不停推进全面从严治党。全国税务系统要以高度的思想自觉政治自觉行动自觉深入学习领会习近平总书记重要讲话和全会精神，更加紧密地团结在以习近平同志为核心的党中央周围，深刻领悟"两个确立"的决定性意义，增强"四个意识"、坚定"四个自信"、做到"两个维护"，在税收现代化建设新征程上永葆"赶考"的清醒和坚定，持续推动税务系统全面从严治党向纵深发展。

会议要求，各级税务局党委要牢牢把握全面贯彻落实党的二十大精神这条主线，深入贯彻落实二十届中央纪委二次全会精神，坚决扛牢压实全面从严治党主体责任，全面深化纪检监察体制改革，构建一体化综合监督体系，坚持一体推进"三不腐"，严格落实中央八项规定及其实施细则精神，持续构建完善"六位一体"税务系统全面从严治党新格局，结合税务系统实际，着力健全全面从严治党体系，进一步锻造忠诚干净担当的干部队伍，为高质量推进税收现代化服务中国式现代化提供坚强保障。

会议强调，税务系统各级党组织和党员领导干部都必须坚决扛起从严管党治党的政治责任。各级税务局党委要紧紧抓住责任落实这个关键，党委书记认真履行第一责任人职责，班子成员严格落实"一岗双责"，以上率下带头严于律己、严负其责、严管所辖，以深化落实中央巡视整改为抓手，推动全面从严治党压力在各层级、各环节、各领域传导到位。要坚持严管和厚爱结合、激励和约束并重，坚持"三个区分开来"，以严格要求和鲜明导向引领广大税务干部奋进新征程、建功新时代。

会议要求，税务系统各级纪检机构要在深入学习贯彻习近平总书记重要讲话和全会精神中，进一步强化政治监督，做实监督执纪，持续正风肃纪反腐，着力营造税务系统风清气正的良好政治生态。要落实自身建设主体责任，打造对党绝对忠诚、敢于善于斗争、自身正自身硬的纪检监察队伍。

税务总局领导班子成员参加会议。中央纪委国家监委驻税务总局纪检监察组负责同志和税务总局办公厅、人事司、党建工作局、机关党委和机关纪委有关负责同志列席会议。

深入学习贯彻党的二十大精神 守正创新奋力推进新征程税收现代化
—— 全国税务工作会议在京召开

2023年1月17日，全国税务工作会议在北京召开。会议以习近平新时代中国特色社会主义思想为指导，深入学习贯彻党的二十大精神，认真落实中央经济工作会议部署要求，传达学习国务院领导同志对税收工作的重要批示精神，总结2022年税收工作和党的十九大以来及新时代十年税收现代化建设成效，研究税收现代化服务中国式现代化的思路举措，部署2023年重点工作任务。国家税务总局党委书记、局长王军作工作报告。

会议指出，2022年，全国税务系统坚持以习近平新时代中国特色社会主义思想为指导，坚决落实党中央、国务院决策部署，攻坚克难、履职尽责、担当作为，统筹做好疫情防控和服务经济社会发展工作，扎实推动税收现代化迈出新步伐取得新成效。围绕中央重大决策部署，较好完成三项重大任务。一是全力做好迎接党的二十大胜利召开和学习宣传贯彻党的二十大精神工作，在全系统开展"税收现代化服务中国式现代化"大讨论并取得丰富成果。二是自觉接受中央巡视和深入推进巡视整改，扎实做好"自查整改、对照整改、深化整改"三篇文章，取得明显阶段性成效。三是积极参与研究系列税费支持政策并快准稳好落实政策特别是大规模留抵退税政策，严查狠打各类涉税违法犯罪行为，坚决不让税费支持政策"红包"落入不法分子"腰包"，为助企纾难解困、稳住宏观经济大盘、保持经济运行在合理区间作出积极贡献。同时，聚焦税收现代化目标，扎实有效推进"抓好党务、干好税务、带好队伍"三大方面重点工作。坚持党建引领，持续健全"纵合横通强党建"工作机制，不断完善"六位一体"税务系统全面从严治党新格局，全面深化税务系统纪检监察体制改革并实现各层级税务局全覆盖。坚持依法依规征税收费，圆满完成收入任务；深入落实中办、国办印发的《关于进一步深化税收征管改革的意见》，推出72项高含金量改革举措落地见效；连续第9年开展"便民办税春风行动"，分三批推出并全面落实121条便民服务措施。坚持大力加强各级税务局班子和干部队伍建设，着力培养使用优秀年轻干部，深入贯彻中央人才工作会议精神，着力构建税务人才队伍新体系。

会议回顾总结了党的十九大以来及新时代十年税务部门一以贯之推进税收现代化的发展历程和取得的成绩。

——始终践行"两个维护"，坚定行进在"拥戴核心、听党指挥"的忠诚担当之路上，为党尽责、为民服务，推动党对税收工作的领导得到全面性加强

坚持把学习贯彻习近平新时代中国特色社会主义思想作为首要政治任务，切实提高"政治三力"。年年开展"便民办税春风行动"，实现96%的税费事项、99%的纳税申报可网上办理，社保缴费"网上办""掌上办"。持续发挥税务部门职能作用，服务重大区域发展战略，助力打赢三大攻坚战。深入挖掘税收大数据"金山银库"，打造系列分析产品，服务党政领导决策。主导建立"一带一路"税收征管合作机制，积极服务对外开放战略。

——始终践行"两个维护"，坚定行进在"出发、抵达、再出发"的接续奋斗之路上，顽强拼搏、勇毅前行，推动税收服务国家治理效能实现整体性提升

组织收入实现历史性突破，积极稳妥成功推进社保费和非税收入划转改革，为国家治理提供越来越坚实的财力保障。坚决扛牢政策落实"主攻手"责任，减税降费取得开创性成效。税收征管改革从"合作"到"合并"再到"合成"连续递进升级，精确执法、精细服务、精准监管、精诚共治深入推进，以"合"促"成"的化学效应不断扩大显现。

——始终践行"两个维护"，坚定行进在"滚石上山、爬坡过坎"的攻坚克难之路上，上下同欲、难中求进，推动税收改革发展取得实质性突破

现行18个税种已有12个完成立法。增值税、个人所得税等重大税制改革平稳落地，绿色税制体系初步构建。顺利完成国税地税机构合并，税务组织体系效能显著提升。持续优化税务执法方式，加强税收监管，法治公平的税收营商环境不断优化。

——始终践行"两个维护"，坚定行进在"探索策略方法、敢打善战能赢"的求新求成之路上，虑今顾远、科学操作，推动富有税务特色的创新工作方法持续性显效

探索实施一系列集成协同、步步深入、由点及面、接续升级的工作法，把党中央、国务院部署要求与税务系统实际紧密结合，有效提升完成艰难繁重改革任务的能力和质效，并注重将经验做法总结提炼为有效的制度措施，将制度措施有机嵌入软件系统，促进提高队伍执行力和战斗力。

——始终践行"两个维护"，坚定行进在"对标国内领先、创建国际一流"的攀攻进取之路上，追求卓越、争先创优，推动以科技为支撑的税收现代化取得跨越性发展

牢牢把握科技发展趋势，积极探索构建具有中国特色的税收信息化体系，扎实推进税收大数据建设，学习借鉴税收征管论坛（FTA）税收征管3.0及各国税务信息化建设的先进理念和成功经验，并不断创新提升，努力创建适应我国国情、

税收要情

力求国际领先的中国税务算法和标准。

——始终践行"两个维护",坚定行进在"刀刃向内强严治、真心关爱激活力"的向上向善之路上,严管厚爱、倾情育人,推动税务干部队伍得到革命性锻造

坚决贯彻严的基调,扛牢管党治党政治责任,持之以恒正风肃纪反腐。围绕构建"六位一体"税务系统全面从严治党新格局,推进形成全面从严治党制度规范体系。探索建立并不断完善科学有效的干部考核评价机制,大力实施人才兴税战略,积极选树先进典型,持续激发基层活力和创造力。

会议指出,新时代十年,税务部门在习近平新时代中国特色社会主义思想指引下,在以习近平同志为核心的党中央坚强领导下,坚持"提升站位、依法治税、深化改革、倾情带队"的基本思路,探索形成并不断调整完善了以构建"六大体系"为主要任务,以增强"六大能力"为有力保障的新时代税收现代化总体目标,围绕"抓好党务、干好税务、带好队伍",探索构建并不断优化完善了一系列机制制度方法,形成税务系统强党治税带队的科学工作体系,有力推进税收现代化建设不断向前迈进,税收在国家治理中的基础性、支柱性、保障性作用明显提升,税务干部队伍的凝聚力、向心力、战斗力明显增强。十年来,累计组织税收收入140万亿元(未扣除出口退税),加上征收的社保费和非税收入,累计超过187万亿元;累计新增减税降费和退税缓税缓费超过13万亿元;第三方调查的纳税人满意度由2012年的79.7分提高到2022年的89.2分;税收协定网络覆盖112个国家(地区),"一带一路"税收征管合作机制理事会成员增加至36个,中国税务的国际影响力显著提升。

会议强调,站在新的历史起点,税务部门学习贯彻党的二十大精神,就是要充分发挥、拓展、提升税收职能作用,以税收现代化服务中国式现代化,在全面建设社会主义现代化国家的新征程中展现更大作为。要紧扣这一要求,调整充实完善税收现代化建设"六大体系",推进税务系统坚强有力的党的领导制度体系更加成熟,在深刻领悟习近平新时代中国特色社会主义思想的世界观和方法论中充分发挥最大政治优势;科学完备的税收法治体系更加健全,在深入学习贯彻习近平法治思想中全面落实依法治国要求和税收法定原则;优质便捷的税费服务体系更加完善,在始终坚持以人民为中心的发展思想中进一步提高纳税人缴费人的获得感和满意度;严密规范的税费征管体系更加优化,在进一步深化改革中实现更加优化高效统一;合作共赢的国际税收体系更加有效,在胸怀"两个大局"中进一步彰显大国税务形象;高效清廉的队伍组织体系更加有力,在建设担当党的税收事业发展重任的高素质干部队伍中进一步发挥支撑保障作用。要着力提高税收现代化服务中国式现代化的本领,不断增强政治引领能力、守正创新能力、科技驱动能力、制度执行能力、集成共治能力、风险防范能力,矢志不渝、久久为功,努力建成与全面建设社会主义现代化国家、全面推进中华民族伟大复兴相适应的税收现代化,建成为中国式现代化提供更优服务和更大支持的税收现代化,建成在国家治理中的基础性、支柱性、保障性职能作用更为彰显并得到创造性拓展提升的税收现代化,建成广大纳税人缴费人享有更优质服务、广大税务干部获得更全面发展的税收现代化,建成世界上服务对象规模最大、管理水平一流的税收现代化,建成使中国税务走在国内公共管理和行政执法部门第一方阵、走在国际税务领域领先行列的税收现代化。

会议要求,2023年,全国税务系统要以习近平新时代中国特色社会主义思想为指导,全面贯彻党的二十大精神,深刻领悟"两个确立"的决定性意义,增强"四个意识"、坚定"四个自信"、做到"两个维护",按照中央经济工作会议和全国两会精神,坚持党对税收工作的全面领导,纵

深推进税务系统全面从严治党，着力"抓好党务"建强政治机关；坚持完整、准确、全面贯彻新发展理念，着力"干好税务"服务党和国家事业发展大局；坚持新时代党的组织路线，厚植严管厚爱、向上向善氛围，着力"带好队伍"提振干事创业精气神，努力做到"稳中求进、守中求创、实中求效、联中求成"，更好发挥和拓展提升税收在国家治理中的基础性、支柱性、保障性作用，为推动经济运行整体好转、实现质的有效提升和量的合理增长、服务中国式现代化贡献税务力量。

会议强调，要深入学习宣传贯彻落实党的二十大精神，学懂弄通做实习近平新时代中国特色社会主义思想，持续加强政治机关建设，持续优化完善"纵合横通强党建"机制制度体系，始终做到以党的旗帜为旗帜，以党的方向为方向，以党的意志为意志。要不断巩固深化拓展中央巡视整改成效，对集中整改期已完成的整改任务进行再梳理再检视再加固，对持续推进的整改任务以一抓到底的韧劲抓好落地见效，深化整改成果综合运用，推动税收事业高质量发展。要坚持严的基调不动摇，把健全全面从严治党体系摆在突出位置，进一步完善"六位一体"税务系统全面从严治党新格局，进一步压紧压实管党治党政治责任，进一步推动层层传导压力，强化监督执纪问责，一体推进"三不腐"，把严的基调、严的措施、严的氛围一刻不停长期坚持下去。要依法依规组织税费收入，积极推动合理确定预算收入目标，持续加强常态化收入监控分析，对违反组织收入纪律、征收"过头税费"的，发现一起、严查一起。要研究完善和落实落细税费支持政策，为稳增长稳就业稳物价、保持经济平稳健康发展创造良好的税费政策环境。要稳步提高社保费和非税收入征管服务水平，积极配合有关部门做好养老保险全国统筹、新就业形态就业人员职业伤害保障试点等工作。要进一步深化税收征管改革和加强税收监管，深入推进落实《关于进一步深化税收征管改革的意见》取得明显突破，稳步推进税收大数据体系建设，逐步推广全国统一规范的电子税务局，为纳税人提供更加优质的服务，健全"信用+风险"新型监管机制，推进实现对市场主体干扰最小化、监管效能最大化。要进一步深化"一带一路"税收征管合作机制，深度参与国际税收规则制定，更好服务高水平对外开放。要加强税务干部队伍建设，坚持不懈提振干事创业的精气神。

会议要求，全国税务系统要更加紧密地团结在以习近平同志为核心的党中央周围，坚持以习近平新时代中国特色社会主义思想为指导，全面贯彻党的二十大精神，坚定捍卫"两个确立"，坚决做到"两个维护"，认真贯彻落实党中央、国务院决策部署，继续埋头苦干、开拓进取、团结奋斗，守正创新奋力推进新征程税收现代化，为服务全面建成社会主义现代化强国而不懈努力！

会议还对做好春节期间走访慰问、安全稳定、值班值守、廉政建设等有关工作提出要求。会议以视频形式召开，税务总局党委委员、副局长姚来英主持会议。税务总局领导、各司局和在京直属单位主要负责人在主会场参加会议。中央纪委国家监委驻税务总局纪检监察组有关负责同志列席会议。各省级税务局、税务总局驻各地特派办、税务总局税务干部学院班子成员和内设机构主要负责同志，中国财税博物馆负责同志在各地分会场参加会议。中央和国家机关有关部门负责同志应邀出席会议。

税收要情
Important Tax News

深入学习贯彻党的二十大和中央纪委二次全会精神 持续推动税务系统全面从严治党向纵深发展
—— 全国税务系统全面从严治党工作会议在京召开

> 2023年2月20日，全国税务系统全面从严治党工作会议在京召开。会议坚持以习近平新时代中国特色社会主义思想为指导，深入学习贯彻党的二十大和二十届中央纪委二次全会精神，总结2022年税务系统全面从严治党工作和党的十九大以来税务系统全面从严治党成效，部署2023年重点任务，着力健全完善税务系统全面从严治党体系，为新征程税收现代化服务中国式现代化提供坚强引领保障。税务总局党委书记、局长王军作工作报告，中央纪委国家监委驻税务总局纪检监察组组长、税务总局党委委员李建明讲话。

王军强调，习近平总书记在党的二十大和中央纪委二次全会上围绕全面从严治党发表的重要讲话，高屋建瓴、思想深邃、内涵丰富、论述精辟，具有很强的政治性、指导性、针对性，充分彰显了我们党将伟大自我革命进行到底的鲜明态度和坚定决心，为在新时代新征程上纵深推进党的建设新的伟大工程指明了前进方向，提供了根本遵循。各级税务局党委要在全面学习、全面把握、全面落实中，深刻领悟"两个确立"的决定性意义，坚决做到"两个维护"，更加坚定地扛牢抓实全面从严治党的政治责任，把严的基调、严的措施、严的氛围在税务系统一刻不停长期坚持下去。

王军指出，过去的一年，全国税务系统认真学习贯彻习近平总书记关于全面从严治党的系列重要论述，坚决落实党中央决策部署，在中央纪委国家监委驻税务总局纪检监察组监督支持下，扎实开展迎接和学习宣传贯彻党的二十大各项活动，持续推动政治机关建设走深走实，自觉接受、主动配合中央巡视，认真做好自查整改、对照整改和深化整改；着力发挥党建引领作用，顺利完成党建高质量发展两年行动方案工作任务，把全面从严治党的引领保障作用贯穿留抵退税等重大政策落实全过程；健全压力层层传导的责任链条，深化税务系统纪检监察体制改革，扩展到所有县级税务局实现全覆盖，进一步构建完善一体化综合监督体系；坚决正风肃纪反腐，从严查处违纪违法行为，强化以案促改、以案促治；旗帜鲜明激励干部担当作为，大力开展先进典型选树，着力打造忠诚干净担当的税务铁军。

王军总结回顾了党的十九大以来税务部门落实新时代党的建设总要求，不断构建完善"六位一体"全面从严治党新格局的探索实践。他指出，党的十九大以来，税务总局党委坚决扛牢压实管党治党政治责任，一以贯之探索构建"政治建设一体深化、两个责任一体发力、综合监督一体集成、党建业务一体融合、约束激励一体抓实、组织体系一体贯通"的"六位一体"税务系统全面从严治党新格局，持续营造风清气正、向上向好的政治生态，为高质量推进税收现代化建设提供了有力保障。

王军强调，新时代十年，在习近平新时代中国特色社会主义思想的科学指引下，全国税务系统按照"提升站位、依法治税、深化改革、倾情带队"的基本思路，不断调整充实完善以构建"六大体系"为主要任务、以增强"六大能力"为有力保障的新时代税收现代化总体目标，始终注重强化全面从严治党的政治引领和政治保障作用，重点围绕持续构建"六位一体"税务系统全面从严治党新格局，逐步建立健全了"纵合横通强党建"、深化纪检监察体制改革等一系列机制制度并探索形成了一些有效工作方法，依托智慧税务建设将相关机制制度和方法嵌入信息系统，同步加强廉洁文化建设，初步形成了符合党中央部署要求、契合税务系统实际的落实和推进全面从严治党工作方略，取得了积极成效。但对标对表党的二十大和中央纪委二次全会精神，对照中央巡视指出和内部巡视巡察发现的问题，还存在一些短板弱项亟待弥补改进。必须以永远在路上的清醒和坚定，坚持内容上全涵盖、对象上全覆盖、责任上全链条、制度上全贯通的要求，围绕更加强化党的领导、更加强化严的基调、更加强化压力传导、更加强化集成贯通、更加强化融合互促、更加强化智慧支撑，着力健全完善更趋科学系统、更利深入落实、更显有力有效的税务系统全面从严治党体系，持续推进税务系统全面从严治党向纵深发展。

王军对扎实着力做好2023年税务系统全面从严治党工作进行了部署。一是扎实学习宣传贯彻落实党的二十大精神，着力用习近平新时代中国特色社会主义思想凝心铸魂。二是扎实强化政治监督，着力推动党中央、国务院关于税收工作决策部署落地见效。三是扎实扛牢"两个责任"，着力推动主体责任与监督责任同向发力、同题共答、同频共振。四是扎实层层传导压力，着力厚植全面从严、一严到底的氛围。五是扎实增强党组织政治功能和组织功能，着力强化基层党组织建设。六是扎实纠"四风"树新风，着力营造清正廉洁的新风正气。七是扎实弘扬自我革命精神，着力一体推进"三不腐"。八是扎实开展税务青年建功新时代、奋进新征程教育，着力加强年轻干部培养管理。九是扎实做到打铁必须自身硬，着力加强税务系统党建和纪检干部队伍建设。

李建明强调，全国税务系统要坚持以习近平新时代中国特色社会主义思想为指导，牢牢把握党的二十大和中央纪委二次全会精神，深刻领会习近平总书记关于解决大党独有难题的深邃思考、关于健全全面从严治党体系的战略考量和关于反腐败斗争形势依然严峻复杂的战略判断，坚定不移推进税务系统全面从严治党。要牢牢把握贯彻落实党的二十大精神这条主线，持续加强政治建设、作风建设和纪律建设，坚决打赢反腐败斗争攻坚战持久战，实现一体推进"三不腐"同时发力、同向发力、综合发力，充分发挥好税务系统纪检监察工作职能作用。要牢牢把握全面从严治党永远在路上的重大论断，持续全面深化纪检监察体制改革，推动一体化综合监督体系高效运转，进一步理顺体制、健全体系、完善机制，着力打造忠诚干净担当的税务纪检铁军，为推动税收现代化服务中国式现代化而团结奋斗。

会议以视频形式召开，中央纪委国家监委有关同志应邀出席会议。税务总局党委委员、副局长王道树主持会议，税务总局领导、中央纪委国家监委驻税务总局纪检监察组全体同志、各司局及直属单位主要负责同志在主会场参会。各省（区、市）税务局，税务总局驻各地特派办，税务干部学院领导班子成员及纪检组负责同志在分会场参会。

国家税务总局党委召开 2022 年度民主生活会

2023 年 1 月 16 日，国家税务总局党委书记、局长王军主持召开 2022 年度税务总局领导班子民主生活会。会议主题是全面贯彻习近平新时代中国特色社会主义思想，深刻领悟"两个确立"的决定性意义，增强"四个意识"、坚定"四个自信"、做到"两个维护"，团结带领党员干部群众以奋发有为的精神贯彻落实党的二十大作出的重大决策部署。税务总局党委班子成员深入学习习近平总书记在中央政治局民主生活会上的重要讲话精神，以中央政治局民主生活会为标杆，深入学习领悟，从严查摆问题，深刻剖析原因，认真谈心谈话，严肃开展批评与自我批评，确保民主生活会开出高质量、好成效。

会前，税务总局党委紧扣 2022 年度民主生活会主题，联系税务实际，扎实做好民主生活会各项准备工作。税务总局领导班子成员通过个人自学、集体研讨等方式，深入学习习近平新时代中国特色社会主义思想和党的二十大精神，同学习习近平总书记关于税收工作的重要论述和重要指示批示精神结合起来，切实把思想和行动统一到党中央精神以及关于开好本次民主生活会的部署要求上来。通过召开座谈会、书面征求意见等方式，广泛征求各级税务部门、税务干部、纳税人缴费人意见建议。按照"四个必谈"要求，深入开展谈心谈话，统一思想、凝聚共识。在此基础上，王军主持起草领导班子对照检查材料，充分听取班子成员的意见建议，专门组织研究修改，并对班子成员个人发言提纲逐一审阅把关。各位班子成员认真撰写个人发言提纲，深入查找存在问题，深刻剖析原因，明确努力方向和整改措施。

会上通报了税务总局党史学习教育专题民主生活会和巡视整改专题民主生活会整改措施落实情况。税务总局党委根据专题民主生活会查摆的问题，逐条建立整改台账，做到责任领导、整改措施、落实单位、整改时限"四明确四到位"，对整改任务实行项目化推进、销号式管理，以真抓实改推动税收事业提质增效。截至目前，党史学习教育专题民主生活会制定的整改措施已全部落实，巡视整改专题民主生活会制定的整改措施除部分需要持续推进的任务外，其余均已整改到位。

围绕"带头深刻领悟'两个确立'的决定性意义""带头用习近平新时代中国特色社会主义思想凝心铸魂""带头坚持和加强党的全面领导""带头坚持以人民为中心的发展思想，推动改革发展稳定""带头发扬斗争精神，防范化解风险挑战""带头落实全面从严治党政治责任"六方面内容，王军代表税务总局党委作了对照检查并带头作个人对照检查，党委其他同志依次发言，直奔主题、直面问题，把自己摆进去、把职责摆进去、把工作摆进去，逐条查摆、逐项梳理，深刻挖掘问题根源，有针对性地提出整改措施。班子成员之间坦诚相见，严肃开展相互批评，做到相互提醒、相互帮助、相互监督，体现了真关心真帮助，达到团结—批评—团结的目的。

王军在总结时强调，2023年是全面贯彻落实党的二十大精神的开局之年，税务总局党委将坚持以习近平新时代中国特色社会主义思想为指导，把学习宣传贯彻党的二十大精神作为贯穿全年的首要政治任务，进一步提高政治站位，持续增强坚定捍卫"两个确立"、坚决做到"两个维护"的政治自觉，带动税务总局机关、税务系统党员干部始终在思想上政治上行动上同以习近平同志为核心的党中央保持高度一致，确保新征程税收现代化始终沿着正确方向前进；将进一步扛牢民主生活会整改责任，把检视剖析的问题和领导班子成员之间相互批评提出的问题，汇总梳理形成全面完整的整改台账，逐项明确责任领导、整改措施、落实单位和整改时限，结合深化中央巡视整改，持续推动各项整改措施高标准落地见效，同时坚持边整改、边总结、边提升，把行之有效的做法和措施上升为制度安排，持续巩固、深化和拓展整改落实成果；将以此次民主生活会为契机进一步提升履职能力，围绕做好全年工作特别是抓好党中央、国务院重大决策部署在税务系统落实落地，尽快召开全国税务工作会议和全国税务系统全面从严治党工作会议进行全面布置，立足税务部门职能责任，完整、准确、全面贯彻新发展理念，团结带领税务系统党员干部在新征程上奋力推进税收现代化取得新进展新成效，更好发挥税收在国家治理中的基础性、支柱性、保障性作用，为助力高质量发展、服务中国式现代化贡献更多税务力量。

税务总局领导班子成员参加会议。中央纪委国家监委驻税务总局纪检监察组和税务总局党委办公室、党委组织部、党委宣传部、机关党委等部门负责同志列席会议。

王军慰问总局机关、基层税务干部职工和驻总局武警官兵
让便利服务更有感　让办税缴费更智能
让后勤保障更贴心　让安全值守更给力

春节前夕，国家税务总局党委书记、局长王军视频连线慰问基层办税服务厅和12366纳税缴费服务热线工作人员，并走访慰问总局数据中心、后勤食堂、总值班室等部门干部职工，向他们并通过他们向全国税务系统广大干部职工致以节日的祝福和衷心的问候。王军还专程看望慰问了驻总局武警官兵，对他们作出的贡献表示感谢。

在与内蒙古包头市昆都仑区、广州市海珠区、重庆市高新区办税服务厅和大连12366纳税服务中心视频连线时，王军代表总局党委对基层广大税务干部职工表示感谢和慰问。他指出，过

税收要情
Important Tax News

去的一年，面对繁重的税收改革发展任务，广大税务干部职工特别是基层一线税务人员为党尽忠、为民尽责，不折不扣快准稳好落实系列税费支持政策，依法依规组织税费收入，圆满完成了各项工作任务，展现出敢打敢拼、昂扬进取的铁军风采，为稳住宏观经济大盘作出了积极贡献。新的一年，要全面贯彻党的二十大精神，进一步学懂弄通做实习近平新时代中国特色社会主义思想，认真落实中央经济工作会议要求，确保新征程税收现代化服务中国式现代化开好局起好步，助力经济实现质的有效提升和量的合理增长。要聚焦纳税人缴费人急难愁盼问题，把税费服务做得更精细、更深入，做到纳税人缴费人心坎上、急需时，让便利服务更有感、让职能作用更拓展，让税徽税貌更加闪光。

在总局数据中心走访慰问时，王军表示，过去一年，大家努力克服疫情等因素影响，保障了信息系统日常运行的顺畅，保障了纳税人缴费人办税缴费的顺畅，保障了国家税费收入组织入库的顺畅，非常不容易，非常感谢大家。新的一年，各级税务部门信息化保障部门和工作人员要以"时时放心不下"的责任感，把工作做得更细、把基础夯得更实，进一步加强网络数据安全保障体系建设，确保系统跑得更顺、网络行得更稳，使办税缴费更智能、征管服务更效能。

王军来到机关食堂，详细了解餐饮供应、食品安全等后勤保障工作，并对食堂工作人员表示感谢和慰问。他强调，食堂是一个单位最具家的味道的地方，要想方设法为干部职工打造家的环境、营造家的氛围、凝聚家的温暖，过热气腾腾的生活，享有滋有味的人生，创蒸蒸日上的事业。各级税务机关要进一步重视和加强食堂餐饮等后勤服务保障工作，特别是要认真贯彻落实习近平总书记关于制止奢侈浪费的重要指示精神，把节俭作为习惯来养成、作为责任来担当。要进一步把好安全关、拧紧安全阀，保障食品食材、用火用电等方方面面的安全，确保让干部职工吃得舒心、干得安心。

在总局机关总值班室，王军详细了解了春节期间总局机关的值班安排并进行了指导。在与值班室工作人员交谈时，王军表示，值班工作很重要，责任很重大，同志们的付出很辛苦，特别是越到节假日，越要"逆时出征"，更需奉献付出。各级税务机关都要高度重视值班工作，关心值班人员，以更高标准、更大力度长抓长进提质增效，做到全天候值守好、全时段响应好、全过程调度好、全环节处置好。

在慰问驻总局武警官兵时，王军代表总局党委和总局机关全体干部职工向武警官兵致以节日的问候并表示，驻勤武警官兵是总局机关安全的守护者，也是总局机关平稳高效运转和税收工作成绩的贡献者，总局机关干部职工和驻勤武警官兵同在一个屋檐下，是朝夕相处的亲人，一定要尽力为武警官兵驻勤值守和生活、学习、训练等提供更好的服务保障。

税务总局领导刘丽坚、赵静、饶立新，总局办公厅、纳税服务司、电子税务管理中心、机关服务中心等部门相关负责人一同参加慰问。

昂首阔步启新程　接续奋斗谱新篇
—— 农历新年上班首日各级税务机关统一举行升国旗仪式

> 2023年1月28日，农历新年上班第一天，国家税务总局机关及全国各地税务局、税务总局驻各地特派办统一举行简朴而庄重的升国旗仪式，感念党恩、礼敬国旗、祝福祖国，激励广大税务干部以更加昂扬的奋斗姿态启航新征程、谱写新篇章。税务总局党委书记、局长王军出席总局机关升国旗仪式并讲话。

上午9时，雄壮嘹亮的国歌声响起，总局机关干部职工整齐列队、庄严肃立，注视五星红旗冉冉升起，满怀深情高唱国歌，表达税务人为党尽忠、为国尽职、为民尽责的坚定意志，共同祝愿伟大祖国繁荣昌盛。

王军在讲话中指出，刚刚过去的一年，党的二十大胜利召开，擘画了以中国式现代化全面推进中华民族伟大复兴的宏伟蓝图。全国税务系统坚持以习近平新时代中国特色社会主义思想为指导，深入学习宣传贯彻党的二十大精神，坚决落实党中央、国务院一系列重要决策部署，各项税收工作取得新进展、收获新成效。王军代表税务总局党委向全国税务系统广大干部职工及家属致以新春的祝福和衷心的感谢。

王军强调，今年是全面贯彻落实党的二十大精神的开局之年，全体税务干部要把持续深入学习贯彻党的二十大精神作为贯穿全年的首要政治任务，深刻领悟"两个确立"的决定性意义，增强"四个意识"、坚定"四个自信"、做到"两个维护"，认真贯彻落实中央经济工作会议精神和党中央、国务院决策部署，按照全国税务工作会议要求，围绕"抓好党务、干好税务、带好队伍"，坚定不移建强政治机关、走好第一方阵，坚定不移服务"国之大者"、践行为民初心，坚定不移强化严管厚爱、锻造税务铁军，确保新征程税收现代化开好局起好步，确保党的税收事业实现更大更好发展。

升旗仪式上，总局机关干部职工合唱《团结就是力量》，共同表达新的一年将更加紧密地团结在以习近平同志为核心的党中央周围，继续埋头苦干、守正创新，奋力推进新征程税收现代化服务中国式现代化的坚定决心。

税务总局党委委员、副局长姚来英主持升国旗仪式。税务总局领导、中央纪委国家监委驻税务总局纪检监察组负责同志以及局内各单位主要负责同志和机关干部代表参加。

全国各地各级税务局和税务总局驻各地特派办同步举行升国旗仪式。大家一致表示，将坚持以习近平新时代中国特色社会主义思想为指导，全面贯彻落实党的二十大精神，不懈拼搏、接续奋斗，在新的征程上更好发挥税收在国家治理中的基础性、支柱性、保障性作用，为全面建设社会主义现代化国家作出新的更大贡献。

税收要情
Important Tax News

以上率下　同向发力
推动税务系统全面从严治党向纵深发展
——省级税务局党委书记述责述廉、抓党建述职评议会议召开

2023年2月1日，国家税务总局以党委（扩大）会议形式，接续召开2022年度省级税务局"一把手"述责述廉、党委书记抓党建述职评议会议，并延伸听取了部分基层税务局党委书记抓党建述职报告。税务总局党委书记、局长王军进行点评并讲话强调，各级税务局党委要坚持以习近平新时代中国特色社会主义思想为指导，深入学习贯彻党的二十大和二十届中央纪委二次全会精神，坚定捍卫"两个确立"，坚决做到"两个维护"，一以贯之加强党对税收工作的全面领导，着力健全税务系统全面从严治党体系，引领保障新征程税收现代化更好服务中国式现代化。中央纪委国家监委驻税务总局纪检监察组组长、税务总局党委委员李建明就学习贯彻党的二十大和二十届中央纪委二次全会精神、推进税务系统全面从严治党工作提出要求。

会上，上海市税务局、湖北省税务局、大连市税务局及税务总局驻重庆特派办"一把手"通过视频依次作述责述廉，重点汇报了2022年度履行全面从严治党"第一责任人"职责情况；河北省税务局、甘肃省税务局、宁波市税务局和重庆市璧山区税务局、福建省闽侯县税务局党委书记通过视频依次进行抓党建述职，总结工作、查摆问题、强化整改。

"要坚持问题导向，以彻底的自我革命精神，永远吹冲锋号，把严的基调、严的措施、严的氛围长期坚持下去，推动税务系统全面从严治党向纵深发展。"会上，税务总局领导采取"一述一评"的方式逐一进行现场点评，点问题严肃认真，提要求务实具体。大家一致认为，此次会议各单位谈问题客观实在，找短板不遮不掩，提举措清晰有力，达到了通过述职述责述廉促进"一把手"尽职尽责、守正守廉推动工作的目的。

会议指出，2022年是党和国家历史上极为重要的一年，全国税务系统把迎接服务党的二十大胜利召开和学习宣传贯彻党的二十大精神作为头等大事，进一步强化以党的政治建设为统领，着力健全"纵合横通强党建"机制制度体系，全面推进税务系统党的建设高质量发展两年行动圆满收官，持续深化税务系统纪检监察体制改革、完善一体化综合监督体系，以党的建设、全面从严治党新成效引领保障税收现代化建设取得新进步，税收在国家治理中的基础性、支柱性、保障性作用更加凸显。

会议强调，2023年是全面贯彻落实党的二十大精神的开局之年，各级税务局党委要始终在思

想上政治上行动上同以习近平同志为核心的党中央保持高度一致，始终坚持党中央集中统一领导，树牢"抓好党建是最大的政绩"理念，下大力气破解党建业务"两张皮"问题，切实增强基层党组织的政治功能和组织功能，进一步完善"六位一体"税务系统全面从严治党新格局，一体推进不敢腐、不能腐、不想腐，一刻不停推进税务系统全面从严治党，不断强化对广大税务干部特别是青年干部教育监督管理，坚持不懈营造风清气正的氛围，不断提振干事创业精气神。

其他省级税务局党委书记均进行了书面述责述廉和抓党建述职。税务总局连续4年开展党委书记抓党建述职评议考核，连续2年开展"一把手"述责述廉，推动党建主体责任层层压实、管党治党压力层层传导，不断把税务系统全面从严治党引向深入。

会议以视频形式召开。中央组织部二局有关负责同志应邀出席会议。税务总局领导、中央纪委国家监委驻税务总局纪检监察组相关同志、税务总局党建（党风廉政建设）工作领导小组成员单位主要负责同志及部分干部代表在主会场参加会议。各省、自治区、直辖市和计划单列市税务局，税务总局驻各地特派员办事处，税务干部学院党委书记、分管党建工作的局领导、纪检组组长（纪委书记）和相关部门负责同志在当地分会场参加会议。

王军督导天津市税务局党委民主生活会并慰问基层税务干部时强调

开拓进取勇突破　创先争优激活力
在税收现代化服务中国式现代化新征程上奋力前行

2023年2月2日，国家税务总局党委书记、局长王军实地督导天津市税务局党委民主生活会，并到基层税务机关慰问调研。王军强调，各级税务局党委要在全面贯彻习近平新时代中国特色社会主义思想上持续下真功、求长效，深入学习贯彻党的二十大精神，以开好党委民主生活会为契机，进一步凝心聚力、开拓进取、争先创优，推动新征程税收现代化更好服务中国式现代化。

会前，天津市税务局按照税务总局党委部署要求，结合自身实际开展集中学习、征求意见和谈心谈话，并认真对照检查。会上，天津市税务局党委书记、局长卢自强代表党委班子作对照检查，班子成员依次进行检视剖析，开展互相批评，并针对查摆的问题提出整改措施。

在认真听取大家的发言后，王军指出，天津市税务局党委民主生活会准备充分、严肃认真，开出了高质量、好效果。同时，王军也指出了短板不足，强调要在开拓进取、创先争优方面继续努力，抓班子带队伍，抓机关带系统，确保取得让干部群众增活力、为事业发展强动力的实实在在成效。

王军强调,今年是全面贯彻落实党的二十大精神的开局之年,全国税务系统要在学习宣传贯彻党的二十大精神上下功夫,在强化政治机关建设上勇争先,在推动党建高质量发展上出实招,更加充分地发挥和拓展提升税收职能作用,更加扎实地推进全面从严治党和干部队伍建设,在服务"国之大者"上取得新成效,在打造忠诚干净担当的税务铁军上取得新进步。

会前,王军专程赴天津市河北区税务局第一税务所(办税服务厅)调研,代表税务总局党委对一线税务干部职工表示衷心感谢。王军指出,办税服务厅是各项税费支持政策落实的"最后一公里",千条线穿入这一个"针孔"里,责任重大、使命光荣、十分不易,大家努力多一分,纳税人缴费人获得感就能多一分。

"今年延续优化的政策能否及时享受?"王军与正在窗口办税的某科技公司会计张磊深入交谈,并征求意见建议。王军强调,今年税务部门连续第十年开展"便民办税春风行动",首批已推出17项便民措施,下一步还将接续推出几批并持续加力落实,确保既有"春风",更有"行动"。

"工作以来最大的感受是什么?"王军特别关心一线税务青年工作生活情况。"忙碌而充实"是杨媛媛、温泰莉、张书卿、海博等税务青年的共同感受。王军强调,唯有经受挑战方能茁壮成长,各级税务机关要为青年干部成长成才创造条件,想方设法完善人才梯队、拓宽成长通道,为干事者办事、让吃苦者吃香。

税务总局办公厅、人事司、党建工作局相关负责同志参加督导和调研活动。

国家税务总局召开党委(扩大)会议

认真学习领会习近平总书记在学习贯彻党的二十大精神研讨班开班式上的重要讲话精神

> 2023年2月13日,国家税务总局党委书记、局长王军主持召开党委(扩大)会议,传达学习贯彻习近平总书记在新进中央委员会的委员、候补委员和省部级主要领导干部学习贯彻习近平新时代中国特色社会主义思想和党的二十大精神研讨班开班式上的重要讲话精神,研究部署税务系统贯彻落实措施。

会议认为,习近平总书记在研讨班开班式上的重要讲话,思想深邃、内涵丰富、高屋建瓴,贯通历史、现实和未来,深刻回答了中国式现代化"是什么、干什么、怎么干",中国式现代化道路"怎么走得对、行得通、干得稳、干得好"等一系列重大理论和实践问题,具有很强的政治性、理论性、针对性、指导性,彰显了宏阔的视野格局和博大的真理伟力,对于全党全面深入理解中国式现代化，全面深入学习贯彻落实党的二十大精神，努力在新征程上开创党和国家事业发展新局面，具有十分重要的意义。

会议要求，各级税务局党委和税务系统广大党员干部要认真学习领会习近平总书记重要讲话精神，与学习贯彻习近平新时代中国特色社会主义思想和党的二十大精神贯通起来，深刻领悟"两个确立"的决定性意义，增强"四个意识"、坚定"四个自信"、做到"两个维护"，全面深入把握中国式现代化的中国特色、本质要求和重大原则，既在聚焦主责主业中彰显税务部门担当作为，又在深挖潜力潜能中拓展提升税收职能作用；既在坚持求实求新中完成好开局之年各项工作任务，又在务求长治长效中谋划好长远发展战略；既在自觉知重负重中不断提高服务"国之大者"的能力水平，又在勇于克难克险中不断战胜前进道路上的困难挑战，为大力推进中国式现代化、全面建成社会主义现代化强国忠诚履职尽责、强化使命担当。

税务总局领导班子成员参加会议。中央纪委国家监委驻税务总局纪检监察组和各司局负责同志列席会议。

国家税务总局召开党委（扩大）会议传达学习贯彻党的二十届二中全会精神

> 2023年3月2日，国家税务总局党委书记、局长王军主持召开党委（扩大）会议，传达学习党的二十届二中全会精神，研究部署税务系统具体贯彻落实措施。

会议指出，党的二十届二中全会是在全面贯彻党的二十大精神开局之年召开的一次十分重要的会议。习近平总书记代表中央政治局向全会作的工作报告，全面总结了党的二十届一中全会以来党和国家各项事业取得的显著成就，在党的二十大战略部署基础上对深入学习宣传贯彻党的二十大精神、深化党和国家机构改革、扎实推进党的建设新的伟大工程等提出明确要求，充分展现了新一届中央政治局踔厉奋发、勇毅前行的革命精神和求真务实、真抓实干的优良作风。全会审议通过的党和国家机构改革方案，对推进国家治理体系和治理能力现代化具有重大而深远的意义。

会议强调，全国税务系统要认真学习领会党的二十届二中全会精神，结合中央即将部署推进的深入学习贯彻习近平新时代中国特色社会主义思想主题教育，进一步全面学习、全面把握、全面落实党的二十大精神，深刻领悟"两个确立"的决定性意义，增强"四个意识"、坚定"四个自信"、做到"两个维护"，切实把思想和行动统一到以习近平同志为核心的党中央作出的重大决策部署上来，以时不我待的紧迫感和"时时放心不下"的责任感，奋力推动税收现代化更好服务中国式现代化。

税收要情
Important Tax News

会议要求，要自觉对标对表全会精神，按照全国税务工作会议和全面从严治党工作会议具体部署，更好发挥和拓展提升税收在国家治理中的基础性、支柱性、保障性作用，更深层次推动税收征管改革实现新突破，落实落细中办、国办印发的《关于进一步深化税收征管改革的意见》，以智慧税务建设为依托，深入推进精确执法、精细服务、精准监管、精诚共治；更广范围推动税收服务经济社会发展取得新成效，依法依规统筹做好组织收入和减税降费工作，深入开展"便民办税春风行动"，更加充分发挥税收大数据服务决策服务发展的作用；更大力度推动税务系统全面从严治党构建新体系，切实扛牢压实管党治党政治责任，层层传导压力厚植严的氛围，优化完善"纵合横通强党建"机制制度和"六位一体"税务系统全面从严治党新格局，坚决打赢税务系统党风廉政建设和反腐败斗争攻坚战持久战。

税务总局领导班子成员参加会议。中央纪委国家监委驻税务总局纪检监察组有关负责同志和各司局主要负责同志列席会议。

王军在河南调研税收工作时指出
夯实政治机关建设基层基础　保障税收现代化行稳致远

> 2023年3月27日—28日，国家税务总局党委书记、局长王军赴河南省郑州市、开封市兰考县调研，深入基层税务部门和办税缴费一线问需问计问策，并围绕加强基层税务局政治机关建设召开座谈会，广泛听取各方意见建议，进一步发挥和拓展提升税收职能作用，更好服务中国式现代化。

在兰考县税务局，王军参加了该局每周一举行的升国旗仪式，并与该局干部职工集体学习习近平总书记关于焦裕禄精神的重要论述。王军指出，习近平总书记概括的"亲民爱民、艰苦奋斗、科学求实、迎难而上、无私奉献"的焦裕禄精神，是党和国家的宝贵精神财富，各级税务局党委要学习焦裕禄同志对群众的亲劲、抓工作的韧劲、干事业的拼劲，以"时时放心不下"的责任感，加强政治机关建设，努力创建让党中央放心、让人民群众满意的模范机关。

在随后召开的基层税务局长座谈会上，来自河南、江苏、山东、安徽等地的8位市县级税务局主要负责同志先后介绍了加强政治机关建设的经验做法并提出了意见建议。王军对基层税务部门通过"纵合横通强党建"引领解决涉税难题、发挥"党委＋支部＋党员"作用带动全局工作等做法表示肯定，并与参会人员围绕加强基层税务局政治机关建设应突出把握好的重点、面临的问题和改进的方向进行讨论交流。

王军指出，税务机关首先是政治机关，基层税务局特别是县级税务局既是税务系统贯彻党中央、国务院决策部署的"最后一公里"，也是服务纳税人缴费人的"最前沿"。加强县级税务局政治机关建设是全国税务系统贯彻落实党的二十大和全国两会精神的必然要求，是深化中央巡视整改的具体行动，各级税务局党委都要高度重视县局政治机关建设，总局和省局党委要加强统筹指导，市局党委要抓好督促落实，县局党委要积极主动作为，在捍卫"两个确立"中提升政治站位，在践行"两个维护"中把牢政治方向，在坚持人民至上中站稳政治立场，在聚力求实奋进中坚定政治态度，在勇于攻坚克难中强化政治能力，在恪守廉洁奉公中永葆政治本色，以推进政治机关建设的实实在在成效，引领保障税收现代化行稳致远，为更好服务中国式现代化夯基垒石。

"'便民办税春风行动'举措落实得怎么样？""网上办税缴费占比有多少？""职工就餐通勤是否方便？"座谈会后，王军一行到兰考县税务局兰阳税务分局调研，了解干部职工工作生活情况。王军表示，基层税务部门责任重大、使命光荣，面对工作中的千难万难，大家千方百计攻坚克难，为确保各项税收改革发展任务顺利落地付出了辛苦努力。他代表税务总局党委对奋战在基层一线的税务人表示衷心感谢，并勉励大家争做新时代焦裕禄精神的传承人，忠诚于党、心系于民，担当作为、砥砺奋进，更好服务经济社会发展大局。在郑州市，王军来到市税务局税费业务网上集中处理中心，详细了解网上可视化征纳互动、智慧核定票种等业务办理情况。在肯定基层创新服务举措的同时，指出其中仍需进一步完善的地方。"对纳税人缴费人申请办理的业务，如发现资格条件暂不具备的情况，不能简单告知了事，要坚持首办责任制，认真耐心辅导其知晓具体的补正办法，最大程度让纳税人缴费人办得更明白、更便利。"王军说。

在河南省税务局调研时，王军对河南省税务系统旗帜鲜明讲政治，积极服务"国之大者"和地方经济社会发展取得的成效表示肯定。他强调，今年是全面贯彻落实党的二十大精神的开局之年，各级税务局党委要紧密结合即将开展的学习贯彻习近平新时代中国特色社会主义思想主题教育，在加强政治机关建设、大兴调查研究之风等方面争当先进、走在前列，确保党中央、国务院决策部署在税务系统更加紧贴实际、更富创造性地不折不扣落实落细。

税务总局办公厅、人事司、机关党委，河南省税务局有关负责同志参加调研。

税收要情
Important Tax News

王军在陕西调研税收工作时指出
认真落实延续和优化实施的阶段性税费优惠政策倾力服务经济社会高质量发展

> 2023年3月28日—29日，国家税务总局党委书记、局长王军赴陕西省西安市调研，聚焦更好更快落实延续和优化实施的阶段性税费优惠政策，主持召开税企座谈会听意见、问需求，深入办税服务厅察实情、谋实策，更好发挥和拓展提升税收职能作用，助力经济社会高质量发展。

在召开的税收服务高质量发展纳税人座谈会上，来自高端制造、科技创新、商贸服务和文化旅游等行业的10家企业代表先后介绍情况。全国政协委员、西安古都放心早餐工程有限公司总经理王淑惠坦言："近年来，我们深切感受到了党和政府对民营企业的重视和支持，最近又延长了部分税费优惠政策的实施期限，使我们发展的信心更足更坚定了。"西安同步电气有限公司近年来将享受研发费用加计扣除政策而增加的可支配资金全部投入研发创新。"国家的好政策极大增强了企业科技创新的底气，为企业攻克'卡脖子'问题提供了有力支持。"该公司董事长伊仁图太认为，国务院明确提高研发费用加计扣除比例的政策长期实施，对高新技术企业来说非常"解渴"。

陕西旅游集团总经理任公正在感谢国家好政策的同时，为税务部门的贴心服务点赞。"减税降费政策是'及时雨''雪中炭'，税务部门的'管家式'服务有力保障了企业第一时间享受政策红利，不断为企业发展输血、活血。"任公正说。

"研发费用加计扣除享受了多少？成果转化怎么样？""对税务部门工作还有什么建议？"座谈过程中，王军边听边记，不时与企业代表深入交流。王军表示，近期国务院决定延续和实施部分阶段性税费优惠政策，税务部门作为党中央、国务院决策部署的坚定执行者和面向千千万万经营主体的直接服务者，已会同财政部门第一时间制发了相关政策和征管公告，信息系统优化调整和税费服务跟进保障等工作也已到位，将继续在抓好政策落实上下苦功夫，不断改善税收营商环境，更好地为包括民营企业在内的各类企业减负担、添便利、增动能。

随后，王军一行前往西安市莲湖区税务局办税服务厅，了解税费政策和便民服务措施落实情况。王军表示，办税服务厅是直接服务纳税人缴费人的一线窗口，责任大、担子重，他代表税务总局党委向全国各地奋战在办税缴费服务一线的税务人员表示慰问与感谢，希望大家持之以恒抓落实、坚持不懈优服务、精益求精强本领，不断提升纳税人缴费人的获得感和满意度。

在办税服务厅窗口，王军与前来办理业务的

某人力资源企业会计张女士交谈，详细询问她对税务部门落实政策和优化服务工作的意见建议。王军要求，各级税务部门要加力落实"便民办税春风行动"各项措施，把今年延续和优化实施的阶段性税费优惠政策作为税收宣传月加强辅导宣传的重点，依托信息系统变"人找政策"为"政策找人"，把困难留给自己，把便利留给纳税人缴费人，让便民办税春风四季常在、四季有感。

王军在陕西省税务局、税务总局驻西安特派办分别组织召开税务干部座谈会，听取各方意见建议。他强调，各级税务部门要以更坚决的态度强化政治机关建设，认真按照中央部署要求，扎实开展学习贯彻习近平新时代中国特色社会主义思想主题教育，深入贯彻落实好党的二十大和全国两会精神；以更加求真务实的作风深入开展调查研究，帮助企业特别是民营企业解决实际困难，支持实体经济特别是先进制造业、高新技术产业发展；以更加迅速的行动落实落细延续和优化实施的阶段性税费优惠政策，确保企业早知晓、早受益；以更加有力的举措营造市场化、法治化、国际化营商环境，倾心倾力服务守法经营企业，依法依规打击涉税违法行为，切实维护公平公正的良好税收经济秩序，为高质量发展保驾护航。

税务总局办公厅、人事司、机关党委，陕西省税务局、税务总局驻西安特派办负责同志参加调研。

第32个全国税收宣传月启动仪式暨青少年税收普法专题活动在京举行

2023年3月30日下午，国家税务总局、教育部、司法部联合举办的第32个全国税收宣传月启动仪式暨青少年税收普法专题活动在北京中国人民大学附属中学举行，由此拉开了2023年4月全国税收宣传月的大幕。国家税务总局党委书记、局长王军，教育部党组成员、副部长孙尧，司法部党组成员、副部长、全国普法办副主任左力，税务总局党委委员、副局长王道树，人大附中暨联合总校党委书记、人大附中校长刘小惠，著名作家梁晓声等出席活动。

每年4月的税收宣传月，是税务部门与社会各界的"春风之约"。自1992年开始举办这项活动以来，至今已经连续举办了32年。2023年税收宣传月以"税惠千万家　共建现代化"为主题，税务部门将开展一系列丰富多彩的活动，宣传解读党中央、国务院延续优化的一系列稳经济税费支持政策以及税务部门落实税费优惠政策、深化税收征管改革、优化税收营商环境助力高质量发展的创新举措，进一步发挥和拓展提升税收在国家治理中的基础性、支柱性、保障性作用。同时，扎实开展税收普法工作，推动税收法治建设，提升全社会税法遵从度。

王军在致辞中表示，党的十八大以来，以习近平同志为核心的党中央高度重视青少年法治教育工作，强调要把法治教育纳入国民教育体系，从青少年抓起。三部门联合举办青少年税收普法专题活动，就是为了进一步贯彻落实习近平总书记关于加强青少年法治教育的重要指示精神，在青少年心中广播"法治种子"，为孩子们成长厚植"法治基因"，助力法治理念扎深根、开盛花、结硕果。

王军介绍，今年的全国税收宣传月首次将青少年税收普法专题活动作为启动仪式，希望通过这种方式，让青少年朋友们更好地理解，税收连着国和家，税收关系你我他。让孩子们更好地感受到，美丽校园的修建离不开税收，义务教育的保障离不开税收，社会民生的改善离不开税收，国家建设的强大离不开税收，在崇税法中更好地知敬畏，在明税理中更好地感党恩，推动税法观念从校园到家庭到全社会，不断得到加强，助力法治中国建设不断深入推进。

孙尧表示，习近平总书记高度重视宪法法治教育，明确提出"普法工作要在针对性和实效性上下功夫，特别是要加强青少年法治教育"。近年来，教育部与税务总局、司法部密切合作，把税法融入宪法法治教育体系，联合开展青少年普法教育，取得了较好成效。下一步，教育部将以党的二十大精神为指引，在国家税务总局、司法部的支持下，不断加强学校法治教育，努力将学生培养为国家栋梁之才。

左力表示，近年来，国家税务总局与司法部密切配合，共同创建了19个全国税收普法教育示范基地，推出了一批优秀税收普法宣传作品。税收宣传月活动已成为颇具影响力的普法宣传品牌，今年的活动更是有许多创新发展，青少年税收普法专题活动必将有力推动同学们从小树立"取之于民、用之于民"的税收理念，树立"依法纳税、诚信纳税"的观念，也必将有力推动税法走到群众身边、走进日常生活，努力实现"教育一个孩子、带动一个家庭、影响整个社会"的效果。

刘小惠说，税收与税法教育是中小学法治教育的重要一课。人大附中将税法引入校园，助力营造依法诚信纳税的社会氛围。此前，与税务部门连续多年合作开展税法教育活动，如走进办税服务厅，开展"云端"税法直播课，学习《税法教育读本》，参加青少年海报设计大赛、征文大赛等，积极开拓校外法治第二课堂，取得了非常好的效果。此次通过开展青少年税收普法专题活动，人大附中将继续在全校学子心中播种"学税、懂税、护税"的种子。

活动内容丰富，精彩纷呈。现场，税务总局、教育部、司法部领导等向学生代表授予"税法小小宣传员"称号证书。我国第一代"税法小小宣传员"、广西柳州铁二中教师甘庆华深情讲述《照片背后的故事》，分享自己的税法宣传经历。来自北京市密云区第二小学的学生代表表演了诗朗诵《新时代税收少年说》，河北省围场县（塞罕坝）先任学校合唱团童声合唱歌曲《生长吧》。活动最后，税务总局、教育部、司法部领导以及人大附中师生代表走上前台，拿起水壶，共同浇灌象征税法教育的幼苗，启动了第32个全国税收宣传月，预示着我国青少年税法教育犹如小树般蓬勃生长、枝繁叶茂。

活动采取"北京主会场+各地分会场"的线上线下互动形式举办，连线分会场分别在浙江省乌镇"一带一路"税收博物馆、贵州省大方县猫场镇前进希望小学（税务部门援建）和广东省广州市越秀区税务局智能云税厅。税务总局、司法部、教育部相关司局领导，北京市税务局、河北省税务局主要负责同志，以及两省市中小学学生代表在北京主会场参加活动。相关省份税务局负责同志、师生代表在分会场参加活动。

据了解，主会场活动及各分会场精彩片段的视频，将于4月初通过新华网、学习强国、税务总局官网官微等平台播出。

2023年度《中国税务年鉴》《中华人民共和国税法》编辑委员会议在京召开

2023年1月29日，2023年度《中国税务年鉴》《中华人民共和国税法》编辑委员会议在京召开。会议坚持以习近平新时代中国特色社会主义思想为指导，深入学习宣传贯彻党的二十大精神，总结2022年度《中国税务年鉴》《中华人民共和国税法》（以下简称《税务年鉴》《税法》）编辑出版等工作，审议《〈税务年鉴〉（2023）编辑大纲》和编委名单，部署下一步工作。国家税务总局党委委员、副局长刘丽坚出席会议并讲话。

刘丽坚指出，创办于1993年的《税务年鉴》至今已走过30年的历程，其见证了税收改革发展波澜壮阔的历史进程，记录了一代代税务人砥砺奋进、勇毅前行的生动画面，展现了税收治理体系和治理能力现代化建设取得的辉煌成就，覆盖面和影响力稳步提升。《税法》及税法系列产品为社会各界提供了专业、准确、权威的税法信息服务，是税收法治建设的重要内容。《税务年鉴》《税法》的编辑工作要紧扣学习宣传贯彻党的二十大精神这条主线，聚焦内容质量，立足合作共赢，坚持精耕细作，努力开创高质量发展的新局面。

中国税务出版社社长朱承斌汇报了2022年度《税务年鉴》《税法》编辑有关工作和2023年度工作思路。税务总局机关各位编委参加会议并对税务年鉴大纲提出意见和建议。

税收要情
Important Tax News

"一带一路"税收征管合作机制举办圆桌会议

2023年3月16日晚,"一带一路"税收征管合作机制(以下简称合作机制)圆桌会议顺利举行,各方围绕"一带一路"税收征管能力促进联盟(以下简称联盟)课程体系1.0版运行推广、《"一带一路"税收(英文)》期刊建设(以下简称期刊)和第四届"一带一路"税收征管合作论坛筹备工作建言献策、凝聚共识。合作机制理事会成员、观察员、专家咨询委员会成员及期刊编委会成员参会。"一带一路"税收征管合作机制秘书处秘书长、中国国家税务总局副局长王道树主持会议。

2023年2月,联盟通过合作机制官网和"一带一路"税务学院网站,向全球公开发布联盟课程体系1.0版,受到各方广泛关注。此次圆桌会议上,联盟主席、中国澳门财政局局长容光亮先生表示,课程体系1.0版以"一带一路"国家提高税收征管能力为导向,紧扣税务部门职能定位和税务官员职责,在"税收制度""税收征管及数字化""税收营商环境及纳税服务""税收合作"4个主题下,共开设65门课程。同时,容光亮主席还介绍,经过三年的稳步发展,联盟在开展培训、"一带一路"税务学院建设以及师资队伍组建等方面取得了显著成效。截至目前,联盟已举办线上线下培训活动50余期,累计为100多个国家(地区)超过3000名税务官员提供了培训,相继成立中国扬州、中国北京、哈萨克斯坦阿斯塔纳、中国澳门、沙特阿拉伯利雅得5所"一带一路"税务学院,构建起了覆盖英语、汉语、俄语、葡萄牙语、阿拉伯语地区的多语种培训机构网络,并且邀请来自13个国家(地区)的26位国际知名税收专家组成了首批联盟专家师资团队。大家在会上进行充分交流,扬州、阿斯塔纳和利雅得三所"一带一路"税务学院表示该课程体系为各税务学院开展培训提供实践模版,将结合自身特点借鉴课程体系内容完善现有课程设置,进一步增强合作交流,不断开发知识产品,分享师资、课程等培训资源,使联盟培训辐射面更广、规模更大、内容更丰富,推动共建"一带一路"国家税收征管能力的共同提高,为构建增长友好型税收环境贡献力量。联盟课程体系1.0版得到了与会专家国际商会税收委员会主席克里斯丁·凯瑟先生、尼泊尔税务专家鲁普·卡德卡先生、厦门大学邓力平教授等的高度评价。克里斯丁·凯瑟表示,随着联盟课程体系1.0版的发布和课程的陆续推出,将为更多共建"一带一路"国家税务官员带来科学、专业、高效的知识培训,不断增强税收征管能力水平,也推动联盟建设发展进入崭新的阶段。

《"一带一路"税收(英文)》期刊作为合作机制代表性知识产品已出版6期,发表100余篇文章、累计50余万字。期刊聚焦国际税收领域热点话题,致力于深化"一带一路"倡议理念、主张及成果,回应共建"一带一路"国家税收关切。期刊编委会主任、中国国际税收研究会会长张志勇表示,《"一带一路"税收(英文)》期刊正在成为"一带一路"税务部门之间增进了解、凝聚共识、增强合作的纽带。接下来,期刊会持续发挥智力支持作用,提高刊物质量,拓展传播渠道,提升品牌影响力。国内外多位编委对如何办好《"一带一路"税收(英文)》期刊提出了宝贵建议。

另悉,第四届"一带一路"税收征管合作论坛将于9月11日—13日在格鲁吉亚第比利斯举办,会议将聚焦优化税收营商环境主题。

国家税务总局新闻发布会实录*

黄运:各位记者朋友们,大家上午好!我是国家税务总局办公厅主任、新闻发言人黄运。欢迎大家参加税务总局新闻发布会。出席今天发布会的有国家税务总局国际税务司司长蒙玉英女士,收入规划核算司司长荣海楼先生,纳税服务司司长沈新国先生,他们将介绍有关情况并回答大家的提问。

党的二十大强调,要坚持以人民为中心的发展思想,让现代化建设成果更多更公平惠及全体人民,并对进一步优化营商环境提出了明确要求。税务总局深入学习贯彻党的二十大精神,全面落实党中央、国务院决策部署,聚焦纳税人缴费人"急难愁盼",2023年以"办好惠民事·服务现代化"为主题,连续第10年开展"便民办税春风行动",首批推出17条便民服务举措,进一步办实事解难题,持续优化税收营商环境。这些措施受到纳税人缴费人欢迎,部分措施已落地见效。比如,13项涉税费资料纳入容缺办理范围,34项税费资料报送进一步精简,数字人民币缴纳税费满足纳税人缴费人多元化需求,税费办理更高效、更快捷。又如,进一步发挥税收大数据作用,在尊重企业意愿的前提下,为产业链供应链不畅的企业牵线搭桥,助力供需双方对接,1月份已经帮助426户企业自主实现有效购销9.8亿元。

在倾心倾力落实好"便民办税春风行动"首批措施的同时,我们进一步聚焦纳税人缴费人的新诉求新期待,又接续推出了第二批25条便民服务措施。这些措施涉及面更广、内容更丰富,主要有以下几个特点:一是在高效落实政策上着力,助企纾难解困。比如,多渠道精准开展政策推送,让税费政策红利更好直达快享。二是在推进智能办税上着力,助企减负增效。比如,推行社会保险经办和缴费业务"一网通办",探索实行电子税务局印花税"一键零申报"等,使办税更智能、更便捷。三是在优化执法方式上着力,助企公平竞争。比如,对部分特定性质的涉税事项推行说服教育、提示提醒等执法方式,积极开展信用修复,刚柔并济引导经营主体参与公平竞争、健康有序发展。

近年来,中国税务部门还积极服务高水平对外开放和高质量共建"一带一路",将"便民春风"吹向"一带一路"。

---

* 国家税务总局新闻发布会实录[EB/OL].(2023-2-21)[2023-3-31]. http://www.chinatax.gov.cn/chinatax/n810219/n810724/c5185299/content.html.

税收要情
Important Tax News

2019年4月，为贯彻落实习近平主席关于共建"一带一路"和深化国际税收合作等重要指示精神，在中国国家税务总局倡议下，"一带一路"税收征管合作机制正式成立，致力于提升"一带一路"国家税收领域的协调性、互惠性，共建增长友好型税收环境。"一带一路"税收征管能力促进联盟是合作机制下专门负责开展培训、研究和技术援助等能力建设的机构。今天，联盟将通过合作机制官网和"一带一路"税务学院网站，向全球公开发布联盟课程体系1.0版。在这套课程体系建设中，中方通过联盟办公室积极参与并贡献了重要力量。它的推广应用将更好发挥合作机制多边作用，更有利于我们深化国际税收交流合作，与"一带一路"合作伙伴的税务部门共同服务高质量共建"一带一路"。主要体现在：

一是以税为媒，互学互鉴，共促能力提升。联盟通过共同推出课程体系、深入开展税收培训，有利于深化合作、优势互补，在加强经验分享和互鉴中，帮助"一带一路"合作伙伴共同提高税收征管能力。

二是以税助融，增进认同，共促规则联通。中国税务部门积极参与国际税收规则制定，并通过联盟培训推动"一带一路"合作伙伴更好遵循和健全税收规则，提升税收确定性，有利于促进各成员国规则标准的"软联通"。

三是以税赋能，服务大局，共促经贸便利。中国税务部门依托合作机制和联盟，进一步加强人员培训、深化国际税收合作和税收征管互助，有利于消除跨境贸易投资壁垒，更好促进"一带一路"合作伙伴贸易自由化、便利化。

我就先介绍这些，下面进入提问环节。欢迎大家提问。

中央广播电视总台央视记者：刚才黄运主任提到，税务部门推出了"便民办税春风行动"第二批25条接续措施，请介绍一下具体情况。

沈新国：感谢您的提问。税务总局推出第二批25条措施，重点从6个方面为纳税人缴费人办实事解难题。

在"诉求响应提质"方面，推出开展税费优惠政策推送、优化自然人税收管理系统功能等5条措施，优化办税缴费服务，提升办税缴费体验。比如，税务部门将运用好新时代"枫桥经验"，持续畅通纳税人缴费人诉求表达、权益保障的通道，充分发挥调解作用，更好维护纳税人缴费人合法权益。

在"政策落实提效"方面，推出优化税费政策法规库、加强税费政策宣传解读提升政策知晓度和送达率等5条措施。比如，税务总局将优化完善官网税费政策法规库，进一步方便社会公众查询知晓税费政策；还将开展"税务青年助企惠民志愿行动"，组织广大税务青年以志愿服务的方式，为纳税人缴费人提供更为细致更有温度的服务，促进税费政策更加精准有效落地。

在"精细服务提档"方面，推出加强区域执法协同、与工信等部门联合开展助力中小企业发展主题服务月活动、联合银保监部门深化"银税互动"数据直连试点等5条措施，更好服务高质量发展。比如，税务部门将深化征纳互动服务，通过精准推送、智能应答、同屏共享等"问""办"协同服务，辅导纳税人缴费人解决线上办税缴费遇到的政策、操作等问题，协助其完成业务办理，在即问即办中，让"非接触式"办税缴费更加便利便捷、更加好办易办。

在"智能办税提速"方面，推出优化自然人税收管理信息系统税务端功能、持续推行社会保险经办和缴费业务线上"一网通办"等3条措施，提升办税缴费便捷度。比如，税务部门将进一步扩大全国跨省异地电子缴税推广成果，为跨省经营纳税人提供更加便利的缴税方式，实现足不出户即可跨省缴税。

在"精简流程提级"方面，推出简化印花税申报流程、推进职业伤害保障制度试点等5条措施，优化纳税人缴费人办理体验。比如，税务部门将简化印花税申报流程，对一些行业相同税目的应税合同探索实行合并申报并留存备查，优化电子税务局印花税申报，探索实现"一键零申报"，进一步优化纳税人纳税申报体验。

在"规范执法提升"方面，推出进一步优化税务执法、维护纳税人缴费人合法权益等2条措施。比如，对部分特定性质的涉税业务事项推广运用说服教育、提示提醒等处理方式；加强重大税收违法失信主体信息动态管理，积极为纠错改过后符合遵从条件的纳税人缴费人开展信用修复工作，引导其守法经营、规范发展。

下一步，税务部门将抓深做细上述措施的落实工作，推动"便民办税春风"更贴民意、更暖民心，不断提高纳税人缴费人的获得感和满意度。

人民日报记者：刚才沈新国司长讲到，"便民办税春风行动"第二批措施的一项重要内容是进一步扩大全国跨省异地电子缴税推广成果，能否详细介绍一下相关情况？

荣海楼：谢谢您的提问。近年来，税务部门大力推行电子缴税，着力为纳税人提供便捷高效的办税服务。目前已实现99%的纳税申报网上办理，95%以上的税款通过电子缴税方式缴纳入库。但对于企业跨省异地设立项目部、分公司等开展经营活动（如跨省异地设立项目部提供建筑安装劳务）产生的应缴纳税款，在注册地与经营地之间划转和缴纳等方面存在电子化程度不高、不够便利的问题。为此，自2021年起，税务部门与人民银行国库部门强化协同创新，在有关商业银行大力支持下，选取跨省经营活动较为活跃的京津冀、长三角等区域的12个地区率先开展跨省异地电子缴税试点，并于2022年进一步加大推广力度，扩大应用范围，取得积极成效。2022年，已有超150家商业银行支持办理跨省异地电子缴税业务，共办理跨省异地电子缴税31万笔，税款575亿元。纳税人反映，实现跨省异地电子缴税后，足不出户即可办理，切实减轻了负担、提高了效率。

2023年，我们将按照"便民办税春风行动"的部署安排，不断改进完善，进一步扩大全国跨省异地电子缴税推广成果。一方面，扩大地方商业银行覆盖面，配合人民银行国库部门进一步提升部分尚未加入这项业务的地方商业银行实施跨省异地电子缴税的参与度，指导、推动更多有条件的地方商业银行参与、支持跨省异地电子缴税。另一方面，扩大缴税业务覆盖面，在目前商业银行主要支持已与税务、银行签订税款扣款协议的纳税人办理跨省异地电子缴税业务的基础上，推动商业银行进一步优化系统功能，加大对未签订扣款协议的纳税人办理跨省异地电子缴税业务的支持力度，进一步提升跨省经营纳税人办税便利度。

中国证券报记者：抓好首批在全国复制推广的营商环境创新试点涉税改革举措落地工作，也是此次"便民办税春风行动"的一项重要措施，能否详细介绍一下相关情况？

沈新国：感谢您的提问。优化营商环境是培育和激发经营主体活力、增强发展内生动力的关键之举。2021年，国务院部署在北京、上海、重庆、杭州、广州、深圳6个城市开展营商环境创新试点。税务总局党委全面贯彻党中央、国务院决策部署，深入落实营商环境创新试点工作，指导督促6个试点城市税务局落实落细16项涉税举措并取得明显成效。2022年9月，国务院办公厅印发《关于复制推广营商环境创新试点改革举措的通知》，决定在全国复制推广50项创新试点举措，其中涉税举措有12项。这些措施主要亮点有：

一是持续压缩纳税时间。推行"多税合一"综合申报，试点单位整合企业所得税与财产和行为税综合申报表，依托电子税务局实现"一次申报、一次缴款、一张凭证"；北京、上海、重庆还将增值税、消费税、车辆购置税等纳入综合申报范围，纳税人申报更简便。试点单位通过电子税务局等渠道，以自助领取、邮寄配送等非接触方式向纳税人发放税务UKey。截至目前，各试点

税收要情
Important Tax News

单位"非接触式"发放税务UKey超过50万个，便利纳税人开具发票。

二是优化执法监管机制。探索柔性监管新方式，建立不予实施行政强制措施清单，对违法行为情节显著轻微或者没有明显社会危害，且采取非强制手段可以达到行政管理目的的事项，实施不予行政强制措施。截至目前，各试点单位累计明确28项不予强制执行的事项，体现了"宽严相济"的税务执法理念。精准实施税务监管，探索推进以"信用+风险"为基础的税务监管新体系建设，试点单位根据经营主体纳税信用情况，在发票领用、税务注销等事项中对其实行分级分类管理，按照"守信激励、失信惩戒"的原则，让守信纳税人享受更多便利，对信用等级低的纳税人则进行重点监管、从严监管。

三是推进数据共享共用。试行全国车船税缴纳信息联网查询与核验，便利试点城市保险机构查询全国车船税缴纳情况，方便异地车辆办理保险及缴税。同时，试点城市税务局积极配合市场监管部门拓展企业开办"一网通办"业务范围、推行企业年度报告"多报合一"改革等措施，让数据"多跑路"，让纳税人"少跑腿"。

下一步，我们将健全"推进落实—防范风险—监督问效—跟踪评估—持续优化"工作机制，指导各试点城市税务机关牢牢把握改革先机，聚焦纳税人所需所盼，加大先行先试力度，积累更多创新经验。同时，指导督促非试点地区税务机关有力有效抓好复制推广工作，让创新举措在全国范围内取得更大成效，推动我国税收营商环境整体持续优化提升。

新华社记者： 刚才黄运主任讲到"一带一路"税收征管能力促进联盟。请问，这个联盟主要开展了哪些工作，成效如何？

蒙玉英： 谢谢您的提问。"一带一路"税收征管合作机制（以下简称合作机制），是第一个由中方发起建立的多边税收合作长效机制。合作机制立足共建"一带一路"国家税务部门关切，致力于加强税收征管能力建设，推动构建增长友好型税收环境。目前，合作机制理事会成员已增加至36个、观察员增加至30个，"朋友圈"和影响力持续扩大。

"一带一路"税收征管能力促进联盟（以下简称联盟）是合作机制的重要组成部分，是合作机制负责开展培训、研究和技术援助等能力建设项目的多边性机构。联盟主席负责协调和组织联盟工作计划及培训项目的实施；下设联盟办公室，负责统筹开展"一带一路"税务学院及联盟其他相关工作，与合作机制秘书处在北京合署办公。作为联盟成员之一，中国国家税务总局会同联盟其他19个成员税务部门、14个合作方一起，着力增进共建"一带一路"国家之间的税收交流与合作，促进税收征管能力共同提升。

联盟成立三年多以来，主要做了以下工作：

一是开展多形式税收培训。开展税收培训是联盟促进征管能力共同提升的主要抓手。联盟自2019年在扬州"一带一路"税务学院举办首期培训以来，以"自办、合办、协办"等培训模式，至今已通过线上、线下方式举办各类培训活动50余期，100多个国家（地区）超过3000名税务人员参加了培训，深化了各国税收合作和友谊，受到了各国学员的一致赞誉。

二是打造"一带一路"税务学院。目前，联盟已相继成立中国扬州、中国北京、中国澳门、哈萨克斯坦阿斯塔纳、沙特阿拉伯利雅得5所"一带一路"税务学院，构建起辐射英语、汉语、葡萄牙语、俄语、阿拉伯语地区的多语种培训机构网络。联盟以扬州"一带一路"税务学院为主阵地，带动阿斯塔纳、中国澳门等学院每年开展满足不同区域发展需求的各类培训活动，联盟培训机构网络作用日益显现。

三是组建国际化师资团队。联盟办公室广泛邀请税务专家加入联盟首批专家师资。这些专家分别来自政府财税部门、国际组织、学界和业界，任职机构分布于5大洲13个国家（地区），拥有深厚的行业背景、良好的专业素养和丰富的从业经历，充分体现了专业化、国际化的要求。中国税收领域专家和税务部门的官员也积极参与授课。

*四是推进联盟课程体系建设。*自 2019 年开展培训以来，联盟依托扬州"一带一路"税务学院，先后试点推出了"税收争议解决""税收征管数字化""纳税服务""增值税改革"等 4 个专题的初级和中级线上课程。在此基础上，联盟办公室广泛吸收各方意见建议，积极借鉴其他国际组织开展专业培训的经验，设计完成联盟课程体系 1.0 版。

根据联盟建设发展计划，联盟办公室将邀请更多国际税收专家加入联盟专家师资团队，基于各"一带一路"税务学院自身特点进一步增强合作交流，全面开发知识产品，分享师资、课程等培训资源，实现联盟培训辐射面更广、规模更大、内容更丰富，促进共建"一带一路"国家税收征管能力共同提升，联盟国际影响力进一步增强。

中国日报记者：刚刚蒙玉英司长讲到"一带一路"税收征管能力促进联盟课程体系 1.0 版，能否详细介绍一下这个课程体系？

蒙玉英：谢谢您的提问。联盟办公室今天将在合作机制官网公开发布联盟课程体系 1.0 版。为持续发挥联盟能力建设平台作用，实现共建"一带一路"国家税收征管能力的共同提升，推进联盟培训标准化、体系化建设，联盟以实际、实用、实效为导向，秉持科学、系统、包容的设计理念，紧扣税务部门的职能定位和税务人员的工作职责，不断总结实践经验，设计形成联盟课程体系 1.0 版，旨在通过培训帮助学员了解税收规则、最佳经验、最新趋势，持续提升税收治理能力。

课程体系 1.0 版包括 4 个主题、65 门课程。4 个主题为"税收制度""税收征管及数字化""税收营商环境及纳税服务""税收合作"。按照由浅入深、由易到难、由简到繁的原则，联盟课程划分为初级、中级、高级三个层级。90% 的课程将于今年 8 月前上线，全部课程于年内上线。

联盟课程体系 1.0 版设计主要有三个特点：

*一是坚持共商共建共享。*联盟办公室与合作机制成员、联盟成员、合作方及学界业界充分沟通，集思广益，共同打造联盟课程体系。邀请相关国家（地区）税务人员、"一带一路"税务学院师资以及国际组织专家等参与课程设计及授课。各方参与度的显著提升，更好地体现了联盟的多边特征，并将进一步促进互学互鉴。

*二是坚持需求导向。*课程既包含税收制度、税收征管、纳税服务等普遍适用的内容，也兼顾了共建"一带一路"国家税务人员重点关注的税收争议解决、优化营商环境等领域，同时适当融入了"双支柱"方案等国际税收领域前沿研究热点。结合试点课程学员调查问卷反馈情况及培训实践经验，这些课程设计能够较好地满足共建"一带一路"国家税务人员的培训需求。

*三是坚持动态包容开放。*联盟课程体系采用动态优化的设计思路，紧跟国际规则发展变化，关注国际税收最新动向，针对税收理论与实践创新，根据现实需求和学员问卷调查反馈，持续更新、动态调整。同时广泛借鉴吸收各界意见，欢迎各国在联盟平台上分享其最佳实践，持续邀请各界专家参与授课，向全球开放并不断完善。

中国国家税务总局积极参与联盟课程设计，推介和分享中国税务部门的经验做法。下一步，根据联盟建设发展计划，联盟办公室将会同各参与方及授课师资，有序推进课件制作和翻译、视频录制及课程上线等工作，并根据实际情况对课程做进一步优化完善，同时做好开设线下课程的准备工作。

中国青年报记者：我们关注到，近年来出现了一些不法分子通过互联网开展涉税诈骗的情况。请问，纳税人要如何去防范这类诈骗？税务部门在打击网上涉税诈骗方面做了哪些工作？

黄运：感谢您的提问。正如您所言，近年来有一些不法分子利用网络、新媒体等进行虚假引导甚至实施网络涉税诈骗，将"黑手"伸向纳税人。

根据我们收集到的信息，网上涉税诈骗至少有以下几种类型：有的是直接诈骗纳税人钱款牟取不法利益，有的是非法骗取纳税人信息特别是个人隐私、商业秘密等，用于"灰色交易"，有的是蓄意制造恐慌向纳税人招揽扩大业务。从手段上看，不法分子通常以短信、电话、网络甚至直接上门等形式，冒充税务人员并以税务稽查、中奖兑付等为借口，诱导纳税人转账付款或提供相关信息；还有的利用视频短片、线上培训等方式，歪曲解读税收政策和税务管理，并以帮助解决涉税问题为名蒙骗纳税人，达到其非法牟利的目的。

在此，我们给广大纳税人缴费人三点防诈反诈提示：一是提高防范意识。遇到冒充税务人员上门征收税费、宣扬各种退税返款"新政策"或收到伪造成涉税信息的不明链接及二维码等，一定要保持高度警惕，拒绝诱惑，冷静识别，切勿泄露隐私或进行转账支付。二是认准官方渠道。通过税务总局以及各地税务部门官方网站、服务热线、电子税务局等渠道进行业务办理和涉税咨询，不要轻信非官方信息和渠道，谨防不法分子的诈骗诱导。三是及时举报求证。如遇到相关情况，请咨询12366纳税缴费服务热线或主管税务机关进一步核实，或立即拨打"110"、全国反诈专线"96110"寻求帮助。

税务总局高度重视打击网上涉税诈骗，持续开展反诈宣传，积极会同公安等部门建立健全联动机制开展治理，同时联合国家互联网信息办公室、国家市场监督管理总局共同印发《关于规范涉税中介服务行为　促进涉税中介行业健康发展的通知》，对涉税中介虚假宣传信息、开展恶意税收筹划等违法违规行为进行严肃查处整治，并公开曝光了一批性质恶劣的典型案件。

下一步，我们将持续加大治理涉税诈骗和公开曝光力度，强化打击、强化震慑，全力保障国家税收利益和纳税人合法权益。

黄运：由于时间关系，提问环节到此结束。下一步，全国税务系统将继续以习近平新时代中国特色社会主义思想为指引，深入贯彻落实党的二十大精神，按照党中央、国务院决策部署，持续开展"便民办税春风行动"，不断优化税收营商环境，积极推动高质量发展，全力服务高水平对外开放，更好发挥和拓展提升税收在国家治理中的基础性、支柱性、保障性作用，为推动经济运行整体好转、实现质的有效提升和量的合理增长、服务中国式现代化贡献税务力量。

今天的新闻发布会到此结束，再次感谢各位媒体记者朋友。

国家税务总局关于开展
2023年"便民办税春风行动"的意见

2023年1月1日　税总纳服发〔2023〕1号

国家税务总局各省、自治区、直辖市和计划单列市税务局，国家税务总局驻各地特派员办事处，局内各单位：

为深入学习贯彻党的二十大精神，认真落实中央经济工作会议部署，持续抓好中办、国办印发的《关于进一步深化税收征管改革的意见》落实，税务总局决定，2023年以"办好惠民事·服务现代化"为主题，连续第10年开展"便民办税春风行动"（以下简称"春风行动"），先行推出第一批17条便民办税缴费措施，后续还将分批推出若干接续措施，不断提升纳税人缴费人获得感和满意度，更好服务中国式现代化，为全面建设社会主义现代化国家开好局起好步贡献税务力量。

一、总体要求

以习近平新时代中国特色社会主义思想为指导，深入学习贯彻落实党的二十大精神，聚焦落实党中央、国务院决策部署，聚焦落实深化"放管服"改革优化营商环境，紧紧围绕纳税人缴费人急难愁盼问题，坚持人民至上，坚持守正创新，坚持问题导向，坚持系统观念，深入开展"春风行动"，打连发、呈递进，分批接续推出系列改革创新举措，持续推动诉求响应提质、政策落实提效、精细服务提档、智能办税提速、精简流程提级、规范执法提升，为激发市场主体活力、维护法治公平税收环境、推动高质量发展贡献力量，以税收现代化的深入推进，更好服务中国式现代化。

二、行动内容

第一批17条便民办税缴费措施包括以下六个方面：

（一）诉求响应提质。组织开展全国纳税人缴费人需求征集，积极响应合理诉求，解决纳税人缴费人急难愁盼问题，改进提升税费服务工作。深入开展"税直达"试点，根据纳税人缴费人行为习惯不断优化服务策略，探索推出相关服务产品，有效改善纳税人缴费人服务体验。

（二）政策落实提效。加强企业所得税优惠政策宣传辅导，创新政策服务与管理方式，帮助纳税人充分享受政策红利。拓宽个人所得税汇算清缴优先退税人员范围，进一步提升纳税人获得感。深入开展第32个全国税收宣传月活动，积极向纳税人缴费人宣传辅导相关便民办税政策措施。

（三）精细服务提档。发挥税收大数据作用，持续运用"全国纳税人供应链查询"功能，积极为企业牵线搭桥，助力企业复工复产。探索为自然人优先提供智能应答服务，不断提高智能咨询服务水平。结合数字化电子发票推广，开展技术与应用可视答疑试点，为纳税人提供更加直观、准确、高效的咨询服务。

（四）智能办税提速。建立健全全国统一税务可信身份账户体系，方便纳税人通过多种渠道办理业务。支持纳税人在境外通过网上申报等方式，依托财税库银横向联网系统与人民币跨境支付机制，直接使用人民币跨境缴纳税款。在数字人民币试点地区，推动实现数字人民币缴纳税费，丰富数字人民币应用场景，满足纳税人缴费人多元化税费缴纳需求。

（五）精简流程提级。加强登记业务协同，简化变更登记操作流程，纳税人在市场监管部门依法办理变更登记后，无需向税务机关报告登记变更信息，税务机关根据市场监管部门共享的变更登记信息自动同步予以变更。为个人所得税扣缴义务人注销前申请当年度手续费退付提供便利。开发上线个人养老金扣除填报功能，为试点城市纳税人填报享受个人养老金个人所得税税前扣除提供便利。推进全国车船税缴纳信息联网查询与核验，便利纳税人异地办理保险及缴税。

（六）规范执法提升。优化企业所得税政策风险提示服务，帮助纳税人更好办理企业所得税汇算清缴。探索优化新设立纳税人纳税信用复评机制，纳入纳税信用管理时间不满一个评价年度但已满12个月的纳税人可在2023年3月或9月提出纳税信用复评申请；税务机关于4月或10月依据其近12个月的纳税信用状况，确定其纳税信用评价结果，并提供自我查询服务。

三、工作要求

（一）加强组织领导。开展"春风行动"是税务部门贯彻落实党的二十大精神和中央经济工作会议精神的具体举措，是不断提升纳税人缴费人获得感的内在要求。各级税务机关要始终把坚持党的全面领导贯穿到"春风行动"推进落实的全过程，坚持以人民为中心的发展思想，充分调动广大干部的积极性主动性创造性，有效激励党员干部担当作为，努力在提升办税缴费便利化水平等方面取得新突破。

（二）狠抓工作落实。各级税务机关要全面把握连续第10年开展"春风行动"的重要意义，坚持对标对表，推动各项措施及时出台；税务总局相关司局要切实发挥职能作用，加强工作指导和督促，及时解决落实中的重大问题，促进各地交流互鉴；各地税务机关要加强沟通协作，细化重点任务，确保"春风行动"措施落实见效。

（三）积极探索创新。充分发挥基层的创造性，鼓励各地税务机关在落实过程中探索创新，通过开展"春风行动"，着力解决纳税人缴费人急难愁盼问题。对实践证明行之有效、企业和群众高度认可的改革措施及时进行总结提炼，积极为全国税务系统积累更多可复制可推广经验。

（四）营造良好氛围。各级税务机关结合"春风行动"开展成效，主动开展多种形式的宣传报道，加大对"春风行动"成功经验、有效做法的宣介力度，为进一步推进税收现代化，更好服务中国式现代化营造良好社会氛围。

附件：2023年第一批"便民办税春风行动"工作任务安排表

附件

2023年第一批"便民办税春风行动"工作任务安排表

序号	类	具体措施
1	诉求响应提质	组织开展全国纳税人缴费人需求征集，积极响应合理诉求，解决纳税人缴费人急难愁盼问题，改进提升税费服务工作。
2		深入开展"税直达"试点，根据纳税人缴费人行为习惯不断优化服务策略，探索推出相关服务产品，有效改善纳税人缴费人服务体验。
3	政策落实提效	加强企业所得税优惠政策宣传辅导，创新政策服务与管理方式，帮助纳税人充分享受政策红利。
4		拓宽个人所得税汇算清缴优先退税人员范围，进一步提升纳税人获得感。
5		深入开展第32个全国税收宣传月活动，积极向纳税人缴费人宣传辅导相关便民办税政策措施。
6	精细服务提档	发挥税收大数据作用，持续运用"全国纳税人供应链查询"功能，积极为企业牵线搭桥，助力企业复工复产。
7		探索为自然人优先提供智能应答服务，不断提高智能咨询服务水平。
8		结合数字化电子发票推广，开展技术与应用可视答疑试点，为纳税人提供更加直观、准确、高效的咨询服务。
9	智能办税提速	建立健全全国统一税务可信身份账户体系，方便纳税人通过多种渠道办理业务。
10		支持纳税人在境外通过网上申报等方式，依托财税库银横向联网系统与人民币跨境支付机制，直接使用人民币跨境缴纳税款。
11		在数字人民币试点地区，推动实现数字人民币缴纳税费，丰富数字人民币应用场景，满足纳税人缴费人多元化税费缴纳需求。
12	精简流程提级	为个人所得税扣缴义务人注销前申请当年度手续费退付提供便利。
13		加强登记业务协同，简化变更登记操作流程，纳税人在市场监管部门依法办理变更登记后，无需向税务机关报告登记变更信息，税务机关根据市场监管部门共享的变更登记信息自动同步予以变更。
14		开发上线个人养老金扣除填报功能，为试点城市纳税人填报享受个人养老金个人所得税税前扣除提供便利。
15		推进全国车船税缴纳信息联网查询与核验，便利纳税人异地办理保险及缴税。
16	规范执法提升	优化企业所得税政策风险提示服务，帮助纳税人更好办理企业所得税汇算清缴。
17		探索优化新设立纳税人纳税信用复评机制。纳入纳税信用管理时间不满一个评价年度但已满12个月的纳税人可在2023年3月或9月提出纳税信用复评申请。税务机关于4月或10月依据其近12个月的纳税信用状况，确定其纳税信用评价结果，并提供自我查询服务。

国家税务总局关于进一步实施部分税务证明事项告知承诺制的公告

2023年1月5日　国家税务总局公告2023年第2号

为贯彻落实中办、国办印发的《关于进一步深化税收征管改革的意见》和国办印发的《关于全面推行证明事项和涉企经营许可事项告知承诺制的指导意见》有关要求，持续深化税务系统"放管服"改革，优化税收营商环境，深入开展"便民办税春风行动"，国家税务总局决定对部分税务证明事项实行告知承诺制。现公告如下：

一、自2023年3月1日起，在全国范围内对列入目录内的国家综合性消防救援车辆证明等6项税务证明事项（附件1）实行告知承诺制。

二、实行告知承诺制税务证明事项的承诺方式、法律责任、不适用情形，按照《国家税务总局关于部分税务证明事项实行告知承诺制　进一步优化纳税服务的公告》（2021年第21号）有关规定执行。

三、税务机关通过办税服务场所和官方网站等渠道公布实行告知承诺制的税务证明事项目录及告知承诺书格式文本（附件2），方便纳税人查阅、索取或下载。

四、本公告自2023年3月1日起施行。

特此公告。

附件：1. 实行告知承诺制的税务证明事项目录
　　　2. 告知承诺书格式文本（编者略）

附件1

实行告知承诺制的税务证明事项目录

序号	证明名称	证明用途
1	国家综合性消防救援车辆证明	纳税人取得悬挂应急救援专用号牌的国家综合性消防救援车辆，申报享受免征车辆购置税政策。
2	公共汽电车辆认定表	城市公交企业取得公共汽电车辆，申报享受免征车辆购置税政策。
3	专用车证	1. 防汛部门取得用于指挥、检查、调度、报汛（警）、联络的由指定厂家生产的设有固定装置的指定型号的车辆，申报享受免征车辆购置税政策（提供"防汛专用车证"）。 2. 森林消防部门取得用于指挥、检查、调度、报汛（警）、联络的由指定厂家生产的设有固定装置的指定型号的车辆，申报享受免征车辆购置税政策（提供"森林消防专用车证"）。

（续表）

序号	证明名称	证明用途
4	家庭成员信息证明	个人转让自用5年以上，并且是家庭唯一生活用房，申报享受免征个人所得税政策。
5	家庭唯一生活用房证明	个人转让自用5年以上，并且是家庭唯一生活用房，申报享受免征个人所得税政策。
6	个体工商户的经营者身份证明、合伙企业合伙人的合伙身份证明	1.个体工商户的经营者将其个人名下的房屋、土地权属转移至个体工商户名下，或者个体工商户将其名下的房屋、土地权属转回原经营者个人名下，申报享受免征契税政策。 2.合伙企业的合伙人将其名下的房屋、土地权属转移至合伙企业名下，或者合伙企业将其名下的房屋、土地权属转回原合伙人名下，申报享受免征契税政策。

政策解读

关于《国家税务总局关于进一步实施部分税务证明事项告知承诺制的公告》的解读

为持续推进"减证便民"，优化税收营商环境，税务总局发布《国家税务总局关于进一步实施部分税务证明事项告知承诺制的公告》（以下简称《公告》），现解读如下：

一、制发《公告》的背景是什么？

为认真贯彻落实中办、国办印发的《关于进一步深化税收征管改革的意见》和国办印发的《关于全面推行证明事项和涉企经营许可事项告知承诺制的指导意见》有关要求，深入开展"便民办税春风行动"，税务总局自2021年7月1日起，在全国范围内对企业申报抵免境外所得税收提供分支机构审计报告等6项税务证明事项实行告知承诺制。税务证明事项告知承诺制实行以来，大幅减少了证明材料报送，促进了诚信纳税和税法遵从，提高了纳税人满意度和获得感。为进一步深化税务系统"放管服"改革，优化税收营商环境，税务总局决定第二批对国家综合性消防救援车辆证明等6项税务证明事项实行告知承诺制。

二、本次实行告知承诺制的税务证明事项有哪些？

本次实行告知承诺制的税务证明事项有6项，分别是：

（一）国家综合性消防救援车辆证明。证明用途：纳税人取得悬挂应急救援专用号牌的国家综合性消防救援车辆，申报享受免征车辆购置税政策。

（二）公共汽电车辆认定表。证明用途：城市公交企业取得公共汽电车辆，申报享受免征车辆购置税政策。

（三）专用车证。证明用途：1.防汛部门取得用于指挥、检查、调度、报汛（警）、联络的由指定厂家生产的设有固定装置的指定型号的车辆，申报享受免征车辆购置税政策（提供防汛专用车证）。

税收政策及解读
Tax Policy Interpretation

2. 森林消防部门取得用于指挥、检查、调度、报汛（警）、联络的由指定厂家生产的设有固定装置的指定型号的车辆，申报享受免征车辆购置税政策（提供森林消防专用车证）。

（四）家庭成员信息证明。证明用途：个人转让自用5年以上，并且是家庭唯一生活用房，申报享受免征个人所得税政策。

（五）家庭唯一生活用房证明。证明用途：个人转让自用5年以上，并且是家庭唯一生活用房，申报享受免征个人所得税政策。

（六）个体工商户的经营者身份证明、合伙企业合伙人的合伙身份证明。证明用途：1.个体工商户的经营者将其个人名下的房屋、土地权属转移至个体工商户名下，或者个体工商户将其名下的房屋、土地权属转回原经营者个人名下，申报享受免征契税政策。2.合伙企业的合伙人将其名下的房屋、土地权属转移至合伙企业名下，或者合伙企业将其名下的房屋、土地权属转回原合伙人名下，申报享受免征契税政策。

三、纳税人对实行告知承诺制的税务证明事项，是必须进行承诺，还是可以自愿选择适用告知承诺制办理？

可以自愿选择。纳税人选择适用告知承诺制办理的，税务机关不再索要该事项需要的证明材料，并依据纳税人书面承诺办理相关税务事项；纳税人不想选择适用告知承诺制的，应当提供该事项需要的证明材料。

四、纳税人对税务证明事项选择适用告知承诺制办理的，如何进行承诺？

纳税人可向税务机关索要纸质或下载电子形式的《税务证明事项告知承诺书》格式文本，该文书的第一部分"税务机关告知事项"，一次性告知纳税人证明义务及证明内容、承诺方式以及不实承诺的法律责任；纳税人在该文书的第二部分"纳税人承诺"中，勾选或简要填写必要的承诺内容，签字盖章确认即可。

五、税务机关在事中事后监管中发现核查情况与纳税人承诺不一致的如何处理？

纳税人对承诺的真实性承担法律责任。税务机关在事中核查时发现核查情况与纳税人承诺不一致的，应要求纳税人提供相关佐证材料后再予办理。对在事中事后核查或者日常监管中发现承诺不实的，税务机关依法责令限期改正、进行处理处罚，并按照有关规定作出虚假承诺行为认定；涉嫌犯罪的，依法移送司法机关追究刑事责任。

六、不适用告知承诺制的情形是什么？

对重大税收违法失信案件当事人不适用告知承诺制，重大税收违法失信案件当事人履行相关法定义务，经实施检查的税务机关确认，在公布期届满后可以适用告知承诺制；其他纳税人存在曾作出虚假承诺情形的，在纠正违法违规行为或者履行相关法定义务之前不适用告知承诺制。

财政部　税务总局
关于明确增值税小规模纳税人减免增值税等政策的公告

2023年1月9日　财政部　税务总局公告2023年第1号

现将增值税小规模纳税人减免增值税等政策公告如下：

一、自 2023 年 1 月 1 日至 2023 年 12 月 31 日，对月销售额 10 万元以下（含本数）的增值税小规模纳税人，免征增值税。

二、自 2023 年 1 月 1 日至 2023 年 12 月 31 日，增值税小规模纳税人适用 3% 征收率的应税销售收入，减按 1% 征收率征收增值税；适用 3% 预征率的预缴增值税项目，减按 1% 预征率预缴增值税。

三、自 2023 年 1 月 1 日至 2023 年 12 月 31 日，增值税加计抵减政策按照以下规定执行：

（一）允许生产性服务业纳税人按照当期可抵扣进项税额加计 5% 抵减应纳税额。生产性服务业纳税人，是指提供邮政服务、电信服务、现代服务、生活服务取得的销售额占全部销售额的比重超过 50% 的纳税人。

（二）允许生活性服务业纳税人按照当期可抵扣进项税额加计 10% 抵减应纳税额。生活性服务业纳税人，是指提供生活服务取得的销售额占全部销售额的比重超过 50% 的纳税人。

（三）纳税人适用加计抵减政策的其他有关事项，按照《财政部　税务总局　海关总署关于深化增值税改革有关政策的公告》（财政部　税务总局　海关总署公告 2019 年第 39 号）、《财政部　税务总局关于明确生活性服务业增值税加计抵减政策的公告》（财政部　税务总局公告 2019 年第 87 号）等有关规定执行。

四、按照本公告规定，应予减免的增值税，在本公告下发前已征收的，可抵减纳税人以后纳税期应缴纳税款或予以退还。

特此公告。

国家税务总局关于增值税小规模纳税人减免增值税等政策有关征管事项的公告

2023 年 1 月 9 日　国家税务总局公告 2023 年第 1 号

按照《财政部　税务总局关于明确增值税小规模纳税人减免增值税等政策的公告》（2023 年第 1 号，以下简称 1 号公告）的规定，现将有关征管事项公告如下：

一、增值税小规模纳税人（以下简称小规模纳税人）发生增值税应税销售行为，合计月销售额未超过 10 万元（以 1 个季度为 1 个纳税期的，季度销售额未超过 30 万元，下同）的，免征增值税。

小规模纳税人发生增值税应税销售行为，合计月销售额超过 10 万元，但扣除本期发生的销售不动产的销售额后未超过 10 万元的，其销售货物、劳务、服务、无形资产取得的销售额免征增值税。

二、适用增值税差额征税政策的小规模纳税人，以差额后的销售额确定是否可以享受 1 号公告第一条规定的免征增值税政策。

《增值税及附加税费申报表（小规模纳税人适用）》中的"免税销售额"相关栏次，填写差额后的销售额。

三、《中华人民共和国增值税暂行条例实施细则》第九条所称的其他个人，采取一次性收取租金形式出租不动产取得的租金收入，可在对应的租赁期内平均分摊，分摊后的月租金收入未超过10万元的，免征增值税。

四、小规模纳税人取得应税销售收入，适用1号公告第一条规定的免征增值税政策的，纳税人可就该笔销售收入选择放弃免税并开具增值税专用发票。

五、小规模纳税人取得应税销售收入，适用1号公告第二条规定的减按1%征收率征收增值税政策的，应按照1%征收率开具增值税发票。纳税人可就该笔销售收入选择放弃减税并开具增值税专用发票。

六、小规模纳税人取得应税销售收入，纳税义务发生时间在2022年12月31日前并已开具增值税发票，如发生销售折让、中止或者退回等情形需要开具红字发票，应开具对应征收率红字发票或免税红字发票；开票有误需要重新开具的，应开具对应征收率红字发票或免税红字发票，再重新开具正确的蓝字发票。

七、小规模纳税人发生增值税应税销售行为，合计月销售额未超过10万元的，免征增值税的销售额等项目应填写在《增值税及附加税费申报表（小规模纳税人适用）》"小微企业免税销售额"或者"未达起征点销售额"相关栏次；减按1%征收率征收增值税的销售额应填写在《增值税及附加税费申报表（小规模纳税人适用）》"应征增值税不含税销售额（3%征收率）"相应栏次，对应减征的增值税应纳税额按销售额的2%计算填写在《增值税及附加税费申报表（小规模纳税人适用）》"本期应纳税额减征额"及《增值税减免税申报明细表》减税项目相应栏次。

八、按固定期限纳税的小规模纳税人可以选择以1个月或1个季度为纳税期限，一经选择，一个会计年度内不得变更。

九、按照现行规定应当预缴增值税税款的小规模纳税人，凡在预缴地实现的月销售额未超过10万元的，当期无需预缴税款。在预缴地实现的月销售额超过10万元的，适用3%预征率的预缴增值税项目，减按1%预征率预缴增值税。

十、小规模纳税人中的单位和个体工商户销售不动产，应按其纳税期、本公告第九条以及其他现行政策规定确定是否预缴增值税；其他个人销售不动产，继续按照现行规定征免增值税。

十一、符合《财政部　税务总局　海关总署关于深化增值税改革有关政策的公告》（2019年第39号）、1号公告规定的生产性服务业纳税人，应在年度首次确认适用5%加计抵减政策时，通过电子税务局或办税服务厅提交《适用5%加计抵减政策的声明》（见附件1）；符合《财政部　税务总局关于明确生活性服务业增值税加计抵减政策的公告》（2019年第87号）、1号公告规定的生活性服务业纳税人，应在年度首次确认适用10%加计抵减政策时，通过电子税务局或办税服务厅提交《适用10%加计抵减政策的声明》（见附件2）。

十二、纳税人适用加计抵减政策的其他征管事项，按照《国家税务总局关于国内旅客运输服务进项税抵扣等增值税征管问题的公告》（2019年第31号）第二条等有关规定执行。

十三、纳税人按照1号公告第四条规定申请办理抵减或退还已缴纳税款，如果已经向购买方开具了增值税专用发票，应先将增值税专用发票追回。

十四、本公告自2023年1月1日起施行。《国家税务总局关于深化增值税改革有关事项的公告》（2019年第14号）第八条及附件《适用加计抵减政策的声明》、《国家税务总局关于增值税发票管理等有关事项的公告》（2019年第33号）第一条及附件《适用15%加计抵减政策的声明》、《国家税务总局关于支持个体工商户复工复业等税收征收管理事项的公告》（2020年第5号）第一条至第五条、《国家税务总局关于小规模纳税人免征增值税征管问题的公告》（2021年第5号）、《国家税务总局关于小规模纳税人免征增值税等征收管理事项的公告》（2022年第6号）第一、二、三条同时废止。

特此公告。

附件：1. 适用5%加计抵减政策的声明
2. 适用10%加计抵减政策的声明

附件1

适用5%加计抵减政策的声明

纳税人名称：_____

纳税人识别号（统一社会信用代码）：_____

本纳税人符合《财政部 税务总局 海关总署关于深化增值税改革有关政策的公告》（2019年第39号）、《财政部 税务总局关于明确增值税小规模纳税人减免增值税等政策的公告》（2023年第1号）规定，确定适用加计抵减政策。行业属于（按照销售额占比最高的行业子项勾选，只能选择其一）：

行　　业	选　　项
邮政服务业	
电信服务业	—
其中：1. 基础电信业	
2. 增值电信业	
现代服务业	—
其中：1. 研发和技术服务业	
2. 信息技术服务业	
3. 文化创意服务业	
4. 物流辅助服务业	
5. 租赁服务业	
6. 鉴证咨询服务业	
7. 广播影视服务业	
8. 商务辅助服务业	
9. 其他现代服务业	
生活服务业	—
其中：1. 文化体育服务业	

(续表)

行　业	选　项
2. 教育医疗服务业	
3. 旅游娱乐服务业	
4. 餐饮住宿服务业	
5. 居民日常服务业	
6. 其他生活服务业	

本纳税人用于判断是否符合加计抵减政策条件的销售额占比计算期为_____年___月至_____年___月，此期间提供邮政服务、电信服务、现代服务、生活服务销售额合计_____元，全部销售额_____元，占比为____%。

以上声明根据实际经营情况作出，我确定它是真实的、准确的、完整的。

（纳税人签章）
年　　月　　日

附件2

适用 10% 加计抵减政策的声明

纳税人名称：_____

纳税人识别号（统一社会信用代码）：_____

本纳税人符合《财政部　税务总局关于明确生活性服务业增值税加计抵减政策的公告》（2019年第87号）、《财政部　税务总局关于明确增值税小规模纳税人减免增值税等政策的公告》（2023年第1号）规定，确定适用加计抵减政策。行业属于（按照销售额占比最高的生活服务业子项勾选，只能选择其一）：

行　业	选　项
生活服务业	—
其中：1. 文化体育服务业	
2. 教育医疗服务业	
3. 旅游娱乐服务业	
4. 餐饮住宿服务业	
5. 居民日常服务业	
6. 其他生活服务业	

本纳税人用于判断是否符合加计抵减政策条件的销售额占比计算期为_____年____月至_____年____月，此期间提供生活服务销售额合计_____元，全部销售额_____元，占比为____%。

以上声明根据实际经营情况作出，我确定它是真实的、准确的、完整的。

（纳税人签章）

年　月　日

政策解读

关于《国家税务总局关于增值税小规模纳税人减免增值税等政策有关征管事项的公告》的解读

1月9日，财政部、税务总局制发《财政部 税务总局关于明确增值税小规模纳税人减免增值税等政策的公告》（2023年第1号，以下简称1号公告），为确保相关政策顺利实施，税务总局制发本公告，就相关征管事项进行了明确。

一、小规模纳税人免税月销售额标准调整以后，销售额的执行口径是否有变化？

答：没有变化。纳税人确定销售额有两个要点：一是以所有增值税应税销售行为（包括销售货物、劳务、服务、无形资产和不动产）合并计算销售额，判断是否达到免税标准。但为剔除偶然发生的不动产销售业务的影响，使纳税人更充分享受政策，本公告明确小规模纳税人合计月销售额超过10万元（以1个季度为1个纳税期的，季度销售额超过30万元，下同），但在扣除本期发生的销售不动产的销售额后未超过10万元的，其销售货物、劳务、服务、无形资产取得的销售额，也可享受小规模纳税人免税政策。二是适用增值税差额征税政策的，以差额后的余额为销售额，确定其是否可享受小规模纳税人免税政策。

举例说明：按季度申报的小规模纳税人A在2023年4月销售货物取得收入10万元，5月提供建筑服务取得收入20万元，同时向其他建筑企业支付分包款12万元，6月销售自建的不动产取得收入200万元。则A小规模纳税人2023年第二季度（4—6月）差额后合计销售额218万元（=10+20-12+200），超过30万元，但是扣除200万元不动产，差额后的销售额是18万元（=10+20-12），不超过30万元，可以享受小规模纳税人免税政策。同时，纳税人销售不动产200万元应依法纳税。

二、自然人出租不动产一次性收取的多个月份的租金，如何适用政策？

答：此前，税务总局明确，《中华人民共和国增值税暂行条例实施细则》第九条所称的其他个人，采取一次性收取租金（包括预收款）形式出租不动产取得的租金收入，可在对应的租赁期内平均分摊，分摊后的月租金收入不超过小规模纳税人免税月销售额标准的，可享受小规模纳税人免税政策。为确保纳税人充分享受政策，延续此前已出台政策的相关口径，小规模纳税人免税月销售额标准调整为10万元以后，其他个人采取一次性收取租金形式出租不动产取得的租金收入，同样可在对应的租赁期内平均分摊，分摊后的月租金未超过10万元的，可以享受免征增值税政策。

三、小规模纳税人是否可以放弃减免税、开具增值税专用发票？

答：小规模纳税人适用月销售额10万元以下免征增值税政策的，纳税人可对部分或者全部销售收入选择放弃享受免税政策，并开具增值税专用发票。小规模纳税人适用3%征收率销售收入减按1%征收率征收增值税政策的，纳税人可对部分或者全部销售收入选择放弃享受减税，并开具增值税专用发票。

四、小规模纳税人在2022年12月31日前已经开具的增值税发票，如发生销售折让、中止、退回或开票有误等情形，应当如何处理？

答：小规模纳税人在2022年12月31日前已经开具增值税发票，发生销售折让、中止、退回或开票有误等情形需要开具红字发票的，应开具对应征收率的红字发票或免税红字发票。即：如果2022年12月31日之前按3%征收率开具了增值税发票，则应按照3%的征收率开具红字发票；如果2022年12月31日之前按1%征收率开具了增值税发票，则应按照1%征收率开具红字发票；如果2022年12月31日之前开具了免税发票，则开具免税红字发票。纳税人开票有误需要重新开具发票的，在开具红字发票后，重新开具正确的蓝字发票。

五、小规模纳税人在办理增值税纳税申报时，应当如何填写相关免税栏次？

答：小规模纳税人发生增值税应税销售行为，合计月销售额未超过10万元的，免征增值税的销售额等项目应当填写在《增值税及附加税费申报表（小规模纳税人适用）》"小微企业免税销售额"或者"未达起征点销售额"相关栏次，如果没有其他免税项目，则无需填报《增值税减免税申报明细表》；减按1%征收率征收增值税的销售额应当填写在《增值税及附加税费申报表（小规模纳税人适用）》"应征增值税不含税销售额（3%征收率）"相应栏次，对应减征的增值税应纳税额按销售额的2%计算填写在《增值税及附加税费申报表（小规模纳税人适用）》"本期应纳税额减征额"及《增值税减免税申报明细表》减税项目相应栏次。

六、小规模纳税人可以根据经营需要自行选择按月或者按季申报吗？

答：小规模纳税人可以自行选择纳税期限。小规模纳税人纳税期限不同，其享受免税政策的效果可能存在差异。为确保小规模纳税人充分享受政策，延续《国家税务总局关于小规模纳税人免征增值税征管问题的公告》（2021年第5号）相关规定，本公告明确，按照固定期限纳税的小规模纳税人可以根据自己的实际经营情况选择实行按月纳税或按季纳税。但是需要注意的是，纳税期限一经选择，一个会计年度内不得变更。

举例说明小规模纳税人选择按月或者按季纳税，在政策适用方面的不同：

情况1：某小规模纳税人2023年4—6月的销售额分别是6万元、8万元和12万元。如果纳税人按月纳税，则6月的销售额超过了月销售额10万元的免税标准，需要缴纳增值税，4月、5月的6万元、8万元能够享受免税；如果纳税人按季纳税，2023年2季度销售额合计26万元，未超过季度销售额30万元的免税标准，因此，26万元全部能够享受免税政策。

情况2：某小规模纳税人2023年4—6月的销售额分别是6万元、8万元和20万元，如果纳税人按月纳税，4月和5月的销售额均未超过月销售额10万元的免税标准，能够享受免税政策；如果纳税人按季纳税，2023年2季度销售额合计34万元，超过季度销售额30万元的免税标准，因此，34万元均无法享受免税政策。

七、小规模纳税人需要预缴增值税的，应如何预缴税款？

答：现行增值税实施了若干预缴税款的规定，比如跨地区提供建筑服务、销售不动产、出租不动产等等。本公告明确，按照现行规定应当预缴增值税税款的小规模纳税人，凡在预缴地实现的月销售额未超过 10 万元的，当期无需预缴税款。在预缴地实现的月销售额超过 10 万元的，适用 3% 预征率的预缴增值税项目，减按 1% 预征率预缴增值税。

八、小规模纳税人销售不动产取得的销售额，应该如何适用免税政策？

答：小规模纳税人包括单位和个体工商户，还包括其他个人。不同主体适用政策应视不同情况而定。

第一，小规模纳税人中的单位和个体工商户销售不动产，涉及纳税人在不动产所在地预缴增值税的事项。如何适用政策与销售额以及纳税人选择的纳税期限有关。举例来说，如果纳税人销售不动产销售额为 28 万元，则有两种情况：一是纳税人选择按月纳税，销售不动产销售额超过月销售额 10 万元免税标准，则应在不动产所在地预缴税款；二是该纳税人选择按季纳税，销售不动产销售额未超过季度销售额 30 万元的免税标准，则无需在不动产所在地预缴税款。因此，本公告明确小规模纳税人中的单位和个体工商户销售不动产，应按其纳税期、公告第九条以及其他现行政策规定确定是否预缴增值税。

第二，小规模纳税人中其他个人偶然发生销售不动产的行为，应当按照现行政策规定执行。因此，本公告明确其他个人销售不动产，继续按照现行规定征免增值税。

九、生产性服务业纳税人加计抵减政策的适用范围是什么？

答：生产性服务业纳税人，按照当期可抵扣进项税额加计 5% 抵减应纳税额。生产性服务业纳税人，是指提供邮政服务、电信服务、现代服务、生活服务（以下称四项服务）取得的销售额占全部销售额的比重超过 50% 的纳税人。四项服务的具体范围按照《销售服务、无形资产、不动产注释》（财税〔2016〕36 号印发）执行。

十、生活性服务业纳税人加计抵减政策的适用范围是什么？

答：生活性服务业纳税人，按照当期可抵扣进项税额加计 10% 抵减应纳税额。生活性服务业纳税人，是指提供生活服务取得的销售额占全部销售额的比重超过 50% 的纳税人。生活服务的具体范围按照《销售服务、无形资产、不动产注释》（财税〔2016〕36 号印发）执行。

十一、纳税人适用 1 号公告规定的加计抵减政策，需要提交什么资料？

答：纳税人适用 1 号公告规定的加计抵减政策，仅需在年度首次确认适用时，通过电子税务局或办税服务厅提交一份适用加计抵减政策的声明。其中，生产性服务业纳税人适用 5% 加计抵减政策，需提交《适用 5% 加计抵减政策的声明》；生活性服务业纳税人适用 10% 加计抵减政策，需提交《适用 10% 加计抵减政策的声明》。

十二、纳税人适用 1 号公告规定的加计抵减政策，和此前执行的加计抵减政策相比，相关征管规定有无变化？

答：没有变化。本公告明确，纳税人适用加计抵减政策的其他征管事项，继续按照《国家税务总局关于国内旅客运输服务进项税抵扣等增值税征管问题的公告》（2019 年第 31 号）第二条等有关规定执行。

十三、2022 年 12 月 31 日小规模纳税人适用 3% 征收率的应税销售收入免征增值税政策到期后，在 1 号公告出台前部分纳税人已按照 3% 征收率缴纳了增值税，能够退还相应的税款么？

答：按照 1 号公告第四条规定应予减免的增值税，在 1 号公告下发前已征收的，可抵减纳税人以后纳税期应缴纳税款或予以退还。但是，纳税人如果已经向购买方开具了增值税专用发票，应先将增值税专用发票追回。

财政部　税务总局
关于延续实施有关个人所得税优惠政策的公告

2023 年 1 月 16 日　财政部　税务总局公告 2023 年第 2 号

为支持我国企业创新发展和资本市场对外开放，现就有关个人所得税优惠政策公告如下：

一、《财政部　税务总局关于延续实施全年一次性奖金等个人所得税优惠政策的公告》（财政部　税务总局公告 2021 年第 42 号）中规定的上市公司股权激励单独计税优惠政策，自 2023 年 1 月 1 日起至 2023 年 12 月 31 日止继续执行。

二、《财政部　税务总局　证监会关于继续执行沪港、深港股票市场交易互联互通机制和内地与香港基金互认有关个人所得税政策的公告》（财政部　税务总局　证监会公告 2019 年第 93 号）中规定的个人所得税优惠政策，自 2023 年 1 月 1 日起至 2023 年 12 月 31 日止继续执行。

特此公告。

财政部　海关总署　税务总局
关于跨境电子商务出口退运商品税收政策的公告

2023 年 1 月 30 日　财政部　海关总署　税务总局公告 2023 年第 4 号

为加快发展外贸新业态，推动贸易高质量发展，现将跨境电子商务出口退运商品税收政策公告如下：

一、对自本公告印发之日起 1 年内在跨境电子商务海关监管代码（1210、9610、9710、9810）项下申报出口，因滞销、退货原因，自出口之日起 6 个月内原状退运进境的商品（不含食品），免征进口关税和进口环节增值税、消费税；出口时已征收的出口关税准予退还，出口时已征收的增值税、消费税参照内销货物发生退货有关税收规定执行。其中，监管代码 1210 项下出口商品，应自海关特殊监管区域或保税物流中心（B 型）出区离境之日起 6 个月内退运至境内区外。

二、对符合第一条规定的商品，已办理出口退税的，企业应当按现行规定补缴已退的税款。企业应当凭主管税务机关出具的《出口货物已补税/未退税证明》，申请办理免征进口关税和进口环节增值税、消费税，退还出口关税手续。

三、第一条中规定的"原状退运进境"是指出口商品退运进境时的最小商品形态应与原出口时的形态基本一致，不得增加任何配件或部件，不能经过任何加工、改装，但经拆箱、检（化）验、安装、调试等仍可视为"原状"；退运进境商品应未被使用过，但对于只有经过试用才能发现品质不良或可证明被客户试用后退货的情况除外。

四、对符合第一、二、三条规定的商品，企业应当提交出口商品申报清单或出口报关单、退运原因说明等证明该商品确为因滞销、退货原因而退运进境的材料，并对材料的真实性承担法律责任。对因滞销退运的商品，企业应提供"自我声明"作为退运原因说明材料，承诺为因滞销退运；对因退货退运的商品，企业应提供退货记录（含跨境电子商务平台上的退货记录或拒收记录）、返货协议等作为退运原因说明材料。海关据此办理退运免税等手续。

五、企业偷税、骗税等违法违规行为，按照国家有关法律法规等规定处理。

特此公告。

国家税务总局　工业和信息化部关于发布《免征车辆购置税的设有固定装置的非运输专用作业车辆目录》（第八批）的公告

2023年2月2日　国家税务总局　工业和信息化部公告2023年第4号

为深入贯彻落实中共中央办公厅、国务院办公厅印发的《关于进一步深化税收征管改革的意见》，更好服务市场主体，根据《财政部　税务总局　工业和信息化部关于设有固定装置的非运输专用作业车辆免征车辆购置税有关政策的公告》（2020年第35号）、《国家税务总局　工业和信息化部关于设有固定装置的非运输专用作业车辆免征车辆购置税有关管理事项的公告》（2020年第20号）相关规定，现将《免征车辆购置税的设有固定装置的非运输专用作业车辆目录》（第八批）予以发布。

特此公告。

附件：免征车辆购置税的设有固定装置的非运输专用作业车辆目录（第八批）（编者略）

政策解读

关于《国家税务总局　工业和信息化部关于发布〈免征车辆购置税的设有固定装置的非运输专用作业车辆目录〉（第八批）的公告》的解读

现就《国家税务总局　工业和信息化部关于发布〈免征车辆购置税的设有固定装置的非运输专用作业车辆目录〉（第八批）的公告》（以下简称本公告）相关事项解读如下：

一、公告出台背景

此前,税务部门落实设有固定装置的非运输专用作业车辆(以下简称专用车辆)免征车辆购置税主要参照交通部门以往的管理模式,即相关企业通过工业和信息化部信息采集系统提交申请,将车型列入《设有固定装置的非运输专用作业车辆免税图册》(以下简称《免税图册》),工业和信息化部将相关信息传递给税务总局,由税务总局负责审核并编列发布《免税图册》,纳税人依据《免税图册》申请免税。

为切实落实国务院优化营商环境改革要求,提升纳税服务水平,提高税收管理质效,更好地维护纳税人权益,财政部、税务总局、工业和信息化部制发了《财政部 税务总局 工业和信息化部关于设有固定装置的非运输专用作业车辆免征车辆购置税有关政策的公告》(2020年第35号)、《国家税务总局 工业和信息化部关于设有固定装置的非运输专用作业车辆免征车辆购置税有关管理事项的公告》(2020年第20号),进一步优化专用车辆购置税优惠政策管理机制,由税务部门审核转变为委托专业机构审核,由依据《免税图册》比对享受转变为依据《免征车辆购置税的设有固定装置的非运输专用作业车辆目录》(以下简称《目录》)自动享受税收优惠。具体如下:

一是车辆生产企业、进口车辆经销商或个人(以下简称申请人)按要求通过工业和信息化部"免征车辆购置税的设有固定装置的非运输专用作业车辆管理系统"提交申请材料;二是税务总局、工业和信息化部委托工业和信息化部装备工业发展中心(以下简称装备中心)对申请人所提交的申请材料进行技术审查;三是装备中心按照《设有固定装置的非运输专用作业车辆技术要求》(以下简称《技术要求》)依规开展技术审查;四是装备中心将通过审查的车型提交后,由税务总局、工业和信息化部联合发布《目录》。

二、本批《目录》基本情况

本批《目录》为2023年第一次发布,累计为第八批,共涉及208家企业的505个车型。

三、需要说明的问题

(一)未通过技术审查如何处理?

未通过技术审查是指申请人通过申报系统提交相关资料,由于不符合《技术要求》、材料提交不全、填写有误等原因,装备中心给予"不通过"结论的情形。举例说明:

例1. 甲公司申请将×××型通讯车列入《目录》,该车辆额定装载质量(生产厂家为车辆设定的最大允许装载质量)小于1000kg,但企业提供的专用装置在车厢地板上的投影面积小于车厢地板面积的50%,不属于专用车辆。

例2. 乙公司申请将×××压缩式垃圾车列入《目录》,该车辆装备有液压机和填塞器,为垃圾自行压实装入、转运和卸料的专用自卸运输车,以载运垃圾为主要目的,不属于专用车辆。

例3. 丙公司申请将×××型宣传消防车列入《目录》,该车辆为装备有影像、音响和发电设备,用于消防知识宣传的厢式专用作业汽车;但其车辆上的专用装置多为可移动的装置及设备,未被固定在车体上,不属于专用车辆。

对于未通过技术审查的情况,若申请人不认可装备中心技术审查结论,可以通过申报系统随时重新申报;在重新申报时,可对装备中心技术审查结论提出自己的意见,并提供相应的佐证材料;装备中心重新给予技术审查结论。若申请人仍不认可装备中心技术重新审查结论,可以通过工业和信息化部12381公共服务电话平台咨询、建议、投诉,或者以信函的形式向工业和信息化部反映相关问题,工业和信息化部将按照程序予以办理。

(二)《目录》发布前已出厂销售的专用车辆如何办理免税?

根据规定,《目录》发布前已出厂销售的专用车辆,申请人可在所销售车辆的车型列入《目录》后,在所销售车辆的车辆电子信息中标注免税标识,重新上传。纳税人可以凭免税标识等车辆电子信息及相关资料向主管税务机关办理免税。

举例说明：A 公司于 2023 年 1 月 5 日销售给 B 纳税人一台未列入《目录》的车辆，A 公司上传车辆电子信息时未标注免税标识；之后税务总局、工业和信息化部发布的第八批《目录》包含了上述销售车辆的车型，A 公司在第八批《目录》发布后，可以修改 B 纳税人所购车辆的电子信息，标注免税标识并重新上传。B 纳税人可凭借免税标识等依法享受免税政策。

（三）纳税人缴纳车购税后专用车辆纳入《目录》如何处理？

如果纳税人购买了专用车辆并缴纳了车辆购置税，之后专用车辆列入了《目录》，申请人可在所销售车辆的车型列入《目录》后，在所销售车辆的车辆电子信息中标注免税标识，重新上传。纳税人可以凭免税标识等车辆电子信息及相关资料向主管税务机关申请退税；主管税务机关依法退还纳税人已缴税款。

举例说明：A 公司于 2023 年 1 月 5 日销售给 B 纳税人一台未列入《目录》的车辆，B 纳税人购车后缴纳了车购税，之后税务总局、工业和信息化部发布的第八批《目录》包含了上述销售车辆的车型，A 公司在第八批《目录》发布后，可以修改 B 纳税人所购车辆的电子信息，标注免税标识并重新上传。B 纳税人可凭借免税标识等向主管税务机关办理退税。

国家税务总局关于办理 2022 年度个人所得税综合所得汇算清缴事项的公告

2023 年 2 月 2 日　国家税务总局公告 2023 年第 3 号

根据个人所得税法及其实施条例、税收征收管理法及其实施细则等有关规定，现就办理 2022 年度个人所得税综合所得汇算清缴（以下简称汇算）有关事项公告如下：

一、汇算的主要内容

2022 年度终了后，居民个人（以下称纳税人）需要汇总 2022 年 1 月 1 日至 12 月 31 日取得的工资薪金、劳务报酬、稿酬、特许权使用费等四项综合所得的收入额，减除费用 6 万元以及专项扣除、专项附加扣除、依法确定的其他扣除和符合条件的公益慈善事业捐赠后，适用综合所得个人所得税税率并减去速算扣除数（税率表见附件 1），计算最终应纳税额，再减去 2022 年已预缴税额，得出应退或应补税额，向税务机关申报并办理退税或补税。具体计算公式如下：

$$应退或应补税额 = [（综合所得收入额 - 60000 元 - "三险一金"等专项扣除 - 子女教育等专项附加扣除 - 依法确定的其他扣除 - 符合条件的公益慈善事业捐赠）\times 适用税率 - 速算扣除数] - 已预缴税额$$

汇算不涉及纳税人的财产租赁等分类所得，以及按规定不并入综合所得计算纳税的所得。

二、无需办理汇算的情形

纳税人在 2022 年已依法预缴个人所得税且符合下列情形之一的，无需办理汇算：

（一）汇算需补税但综合所得收入全年不超过 12 万元的；
（二）汇算需补税金额不超过 400 元的；
（三）已预缴税额与汇算应纳税额一致的；
（四）符合汇算退税条件但不申请退税的。

三、需要办理汇算的情形

符合下列情形之一的，纳税人需办理汇算：

（一）已预缴税额大于汇算应纳税额且申请退税的；

（二）2022 年取得的综合所得收入超过 12 万元且汇算需要补税金额超过 400 元的。

因适用所得项目错误或者扣缴义务人未依法履行扣缴义务，造成 2022 年少申报或者未申报综合所得的，纳税人应当依法据实办理汇算。

四、可享受的税前扣除

下列在 2022 年发生的税前扣除，纳税人可在汇算期间填报或补充扣除：

（一）纳税人及其配偶、未成年子女符合条件的大病医疗支出；

（二）符合条件的 3 岁以下婴幼儿照护、子女教育、继续教育、住房贷款利息或住房租金、赡养老人等专项附加扣除，以及减除费用、专项扣除、依法确定的其他扣除；

（三）符合条件的公益慈善事业捐赠；

（四）符合条件的个人养老金扣除。

同时取得综合所得和经营所得的纳税人，可在综合所得或经营所得中申报减除费用 6 万元、专项扣除、专项附加扣除以及依法确定的其他扣除，但不得重复申报减除。

五、办理时间

2022 年度汇算办理时间为 2023 年 3 月 1 日至 6 月 30 日。在中国境内无住所的纳税人在 3 月 1 日前离境的，可以在离境前办理。

六、办理方式

纳税人可自主选择下列办理方式：

（一）自行办理。

（二）通过任职受雇单位（含按累计预扣法预扣预缴其劳务报酬所得个人所得税的单位）代为办理。

纳税人提出代办要求的，单位应当代为办理，或者培训、辅导纳税人完成汇算申报和退（补）税。

由单位代为办理的，纳税人应在 2023 年 4 月 30 日前与单位以书面或者电子等方式进行确认，补充提供 2022 年在本单位以外取得的综合所得收入、相关扣除、享受税收优惠等信息资料，并对所提交信息的真实性、准确性、完整性负责。纳税人未与单位确认请其代为办理的，单位不得代办。

（三）委托受托人（含涉税专业服务机构或其他单位及个人）办理，纳税人需与受托人签订授权书。

单位或受托人为纳税人办理汇算后，应当及时将办理情况告知纳税人。纳税人发现汇算申报信息存在错误的，可以要求单位或受托人更正申报，也可自行更正申报。

七、办理渠道

为便利纳税人，税务机关为纳税人提供高效、快捷的网络办税渠道。纳税人可优先通过手机个人所得税APP、自然人电子税务局网站办理汇算，税务机关将为纳税人提供申报表项目预填服务；不方便通过上述方式办理的，也可以通过邮寄方式或到办税服务厅办理。

选择邮寄申报的，纳税人需将申报表寄送至按本公告第九条确定的主管税务机关所在省、自治区、直辖市和计划单列市税务局公告的地址。

八、申报信息及资料留存

纳税人办理汇算，适用个人所得税年度自行纳税申报表（附件2、3），如需修改本人相关基础信息，新增享受扣除或者税收优惠的，还应按规定一并填报相关信息。纳税人需仔细核对，确保所填信息真实、准确、完整。

纳税人、代办汇算的单位，需各自将专项附加扣除、税收优惠材料等汇算相关资料，自汇算期结束之日起留存5年。

存在股权（股票）激励（含境内企业以境外企业股权为标的对员工进行的股权激励）、职务科技成果转化现金奖励等情况的单位，应当按照相关规定报告、备案。

九、受理申报的税务机关

按照方便就近原则，纳税人自行办理或受托人为纳税人代为办理的，向纳税人任职受雇单位的主管税务机关申报；有两处及以上任职受雇单位的，可自主选择向其中一处申报。

纳税人没有任职受雇单位的，向其户籍所在地、经常居住地或者主要收入来源地的主管税务机关申报。主要收入来源地，是指2022年向纳税人累计发放劳务报酬、稿酬及特许权使用费金额最大的扣缴义务人所在地。

单位为纳税人代办汇算的，向单位的主管税务机关申报。

为方便纳税服务和征收管理，汇算期结束后，税务部门将为尚未办理申报的纳税人确定其主管税务机关。

十、退（补）税

（一）办理退税

纳税人申请汇算退税，应当提供其在中国境内开设的符合条件的银行账户。税务机关按规定审核后，按照国库管理有关规定办理税款退库。纳税人未提供本人有效银行账户，或者提供的信息资料有误的，税务机关将通知纳税人更正，纳税人按要求更正后依法办理退税。

为方便办理退税，2022年综合所得全年收入额不超过6万元且已预缴个人所得税的纳税人，可选择使用个税APP及网站提供的简易申报功能，便捷办理汇算退税。

申请2022年度汇算退税的纳税人，如存在应当办理2021及以前年度汇算补税但未办理，或者经税务机关通知 2021 及以前年度汇算申报存在疑点但未更正或说明情况的，需在办理 2021 及以前年度汇算申报补税、更正申报或者说明有关情况后依法申请退税。

（二）办理补税

纳税人办理汇算补税的，可以通过网上银行、办税服务厅 POS 机刷卡、银行柜台、非银行支付机构等方式缴纳。邮寄申报并补税的，纳税人需通过个税 APP 及网站或者主管税务机关办税服务厅及时关注申报进度并缴纳税款。

汇算需补税的纳税人，汇算期结束后未足额补缴税款的，税务机关将依法加收滞纳金，并在其个人所得税《纳税记录》中予以标注。

纳税人因申报信息填写错误造成汇算多退或少缴税款的，纳税人主动或经税务机关提醒后及时改正的，税务机关可以按照"首违不罚"原则免予处罚。

十一、汇算服务

税务机关推出系列优化服务措施，加强汇算的政策解读和操作辅导力度，分类编制办税指引，通俗解释政策口径、专业术语和操作流程，多渠道、多形式开展提示提醒服务，并通过个税 APP 及网站、12366 纳税缴费服务平台等渠道提供涉税咨询，帮助纳税人解决疑难问题，积极回应纳税人诉求。

汇算开始前，纳税人可登录个税 APP 及网站，查看自己的综合所得和纳税情况，核对银行卡、专项附加扣除涉及人员身份信息等基础资料，为汇算做好准备。

为合理有序引导纳税人办理汇算，提升纳税人办理体验，主管税务机关将分批分期通知提醒纳税人在确定的时间段内办理。同时，税务部门推出预约办理服务，有汇算初期（3 月 1 日至 3 月 20 日）办理需求的纳税人，可以根据自身情况，在 2 月 16 日后通过个税 APP 及网站预约上述时间段中的任意一天办理。3 月 21 日至 6 月 30 日，纳税人无需预约，可以随时办理。

对符合汇算退税条件且生活负担较重的纳税人，税务机关提供优先退税服务。独立完成汇算存在困难的年长、行动不便等特殊人群提出申请，税务机关可提供个性化便民服务。

十二、其他事项

《国家税务总局关于个人所得税自行纳税申报有关问题公告》（2018 年第 62 号）第一条、第四条与本公告不一致的，依照本公告执行。

特此公告。

附件：1. 个人所得税税率表（综合所得适用）
2. 个人所得税年度自行纳税申报表（A 表、简易版、问答版）（编者略）
3. 个人所得税年度自行纳税申报表（B 表）（编者略）

附件1

个人所得税税率表（综合所得适用）

级数	全年应纳税所得额	税率（%）	速算扣除数
1	不超过36000元的	3	0
2	超过36000元至144000元的	10	2520
3	超过144000元至300000元的	20	16920
4	超过300000元至420000元的	25	31920
5	超过420000元至660000元的	30	52920
6	超过660000元至960000元的	35	85920
7	超过960000元的	45	181920

政策解读

关于《国家税务总局关于办理2022年度个人所得税综合所得汇算清缴事项的公告》的解读

为深入贯彻党的二十大精神，认真落实中央经济工作会议部署，按照《关于进一步深化税收征管改革的意见》要求，切实维护纳税人合法权益，帮助纳税人顺利规范完成个人所得税综合所得汇算清缴（以下简称汇算），税务总局在全面总结前三次汇算工作的基础上，充分听取纳税人、扣缴义务人、专家学者和社会公众的意见建议，制发了《国家税务总局关于办理2022年度个人所得税综合所得汇算清缴事项的公告》（以下简称《公告》）。现解读如下：

一、《公告》的基本框架和主要内容是什么？

2019年新个人所得税法施行，标志着我国建立了综合与分类相结合的个人所得税制。新税法要求年度终了后，纳税人需汇总工资薪金、劳务报酬、稿酬、特许权使用费等四项综合所得合并计税，向税务机关办理汇算并结清应退或应补税款。得益于纳税人、扣缴义务人、中介机构、相关部门等社会各界的共同努力，前三次汇算平稳有序，汇算制度的便民化和精细化程度不断提高。因此，《公告》总体上延续了前三次汇算公告的基本框架和主要内容。

《公告》共有十二条。第一条至第四条，主要明确汇算的内容、无需办理汇算的情形、需要办理汇算的情形，以及纳税人可享受的专项附加扣除、其他扣除等税前扣除；第五条至第九条，主要明确了汇算的办理时间、方式、渠道、申报信息及资料留存、受理税务机关等内容；第十条，主要对办理汇算退（补）税的流程和要求作出具体规定；第十一条，主要围绕税务机关提供的纳税服务、预约办税、优先退税等事项进行说明；第十二条，主要明确相关条款的适用关系。

二、与以前年度相比，《公告》的主要变化有哪些？

《公告》总体上延续了前几次汇算公告的框架

与内容。主要的变化有：

一是在第四条"可享受的税前扣除"部分，根据《国务院关于设立3岁以下婴幼儿照护个人所得税专项附加扣除的通知》（国发〔2022〕8号）、《财政部 税务总局关于个人养老金有关个人所得税政策的公告》（2022年第34号）规定，增加了3岁以下婴幼儿照护专项附加扣除、个人养老金等可以在汇算中予以扣除的规定。

二是在第十一条"汇算服务"部分，进一步完善了预约办税制度，在维持预约办税起始时间（2月16日）基础上，将预约结束时间延长至3月20日，为纳税人提供更优的办理体验。

三是在第十一条"汇算服务"部分，新增了对生活负担较重的纳税人优先退税的规定。

三、今年汇算新推出了哪些优化服务举措？

今年汇算在确保优化服务常态化的基础上，又新推出了以下服务举措：

（一）优先退税服务范围进一步扩大。在2021年度汇算对"上有老下有小"和看病负担较重的纳税人优先退税的基础上，进一步扩大优先退税服务范围，一是"下有小"的范围拓展至填报了3岁以下婴幼儿照护专项附加扣除的纳税人；二是将2022年度收入降幅较大的纳税人也纳入优先退税服务范围。

（二）预约办税期限进一步延长。为向纳税人提供更好的服务，使税收公共服务更有效率、更有质量、更有秩序，2022年度汇算初期将继续实施预约办税。有在3月1日—20日期间办税需求的纳税人，可以在2月16日（含）后通过个税APP及网站预约办理时间，并按照预约时间办理汇算。3月21日后，纳税人无需预约，可在汇算期内随时办理。

（三）推出个人养老金税前扣除智能扫码填报服务。2022年个人养老金制度在部分城市先行实施，符合条件的个人可填报享受2022年度税前扣除。纳税人使用个税APP扫描年度缴费凭证上的二维码即可生成年度扣除信息并自动填报，在办理汇算时享受个人养老金税前扣除。

商务部 中央编办 外交部 发展改革委 教育部 工业和信息化部 财政部 人力资源社会保障部 自然资源部 住房城乡建设部 文化和旅游部 人民银行 海关总署 税务总局 国际发展合作署 移民局 外汇局 关于服务构建新发展格局推动边（跨）境经济合作区高质量发展若干措施的通知

2023年2月7日　商资发〔2023〕18号

内蒙古自治区、辽宁省、吉林省、黑龙江省、广西壮族自治区、云南省、西藏自治区、新疆维吾尔自治区人民政府：

边境经济合作区、跨境经济合作区（以下称边（跨）境经济合作区）是我国深化与周边国家和地区合作、推进高质量共建"一带一路"的重要平台，也是沿边地区经济社会发展的重要支撑。为推动边（跨）境经济合作区高质量发展，经国务院同意，现将有关事项通知如下：

一、总体要求

以习近平新时代中国特色社会主义思想为指导，深入贯彻党的二十大精神，立足新发展阶段，完整、准确、全面贯彻新发展理念，服务构建新发展格局，着力推动高质量发展，更好统筹疫情防控和经济社会发展，将边（跨）境经济合作区建设成为集边境贸易、加工制造、生产服务、物流采购于一体的高水平沿边开放平台，促进兴边富民、稳边固边。

二、完善功能布局

（一）稳步有序研究推动新设和扩区调区。按照党中央、国务院统一部署，稳步有序研究推动有关边（跨）境经济合作区新设工作。研究在国家级开发区土地集约节约利用评价中对边境经济合作区单独排序，支持发展态势较好的边境经济合作区按规定程序扩区扩容建设、调整区位，盘活批而未供、闲置和低效利用等存量建设用地。

（二）加强与口岸及相关开放平台的联动。加强在边（跨）境经济合作区内建设综合保税区的工作指导，支持有序建设保税仓库等保税监管场所，指导相关区域做好增值税一般纳税人资格试点相关工作。支持有条件的边（跨）境经济合作区所在口岸申请设立中药材等指定进口口岸。支持边（跨）境经济合作区加强与边境口岸、内陆主要交通枢纽和物流节点的系统对接，建设货物换装作业、报关、检查、查验等综合配套服务平台和设施，设立境外分销和服务网络、物流配送中心等，增强对边境地区产业链供应链和企业跨国经营的服务保障能力。

三、拓展国际合作

（三）畅通跨境物流和资金流。加快通往边（跨）境经济合作区的跨境铁路、高速和高等级公路规划建设，推动相关国际道路运输协定商签进程，通过援外资金等支持边（跨）境经济合作区毗邻的外方边境口岸基础设施、防疫能力及园区建设。根据疫情防控形势和口岸实际情况，优化口岸货运装卸作业模式，保障边境供应链稳定畅通。有序推动将更多边（跨）境经济合作区纳入资本项目外汇便利化政策支持范围，支持边（跨）境经济合作区实施贸易外汇收支便利化政策，与有关邻国开展双方货币跨境结算、现钞跨境调运、金融政策协调等领域磋商与合作。

（四）高质量实施RCEP。指导支持有关边（跨）境经济合作区及所在省区用好区域全面经济伙伴关系协定（RCEP）等规则体系，进一步扩大RCEP实务培训，深化与RCEP成员国在科技创新、数字经济、信息通信等领域的合作。

（五）支持地方参与国际经贸合作。在认真落实疫情防控新阶段各项措施前提下，支持边（跨）境经济合作区及所在地方政府承办多双边经贸机制会议及财税金融政策沟通、产业对接、人文交流、旅游合作等领域论坛活动。支持有关跨境经济合作区及所在地方政府与毗邻国家合作建设商品物码溯源体系，优化对零售商品供应渠道的管理服务。

四、支持产业创新发展

（六）做强做优边境贸易。鼓励边民互市贸易多元化发展。支持互市贸易进口商品落地加工等业态发展和相关园区建设，鼓励地方给予加工企业融资、土地等特殊支持政策。

（七）延伸完善沿边特色产业链供应链。支持边（跨）境经济合作区立足当地实际，结合疫情防控形势，发展特色产品精深加工、外贸综合服务、农产品冷链、文化旅游等业态，培育特色商品商贸中心，推动形成要素汇聚、辐射周边的区域性生产基地和商品集散中心。

（八）加大对承接产业转移的支持力度。支持边（跨）境经济合作区所在地区按规定申报建设加工贸易梯度转移重点承接地和国家加工贸易产业园。支持边（跨）境经济合作区与国家级经开区、毗邻国家边境园区开展多主体、多维度合作，便利企业开拓国际市场。

（九）前瞻布局中高端产业和新兴业态。鼓励边（跨）境经济合作区因地制宜有序发展新能源、有机食品加工、民俗旅游、生态康养等产业。支持有条件的边（跨）境经济合作区发展面向毗邻国家市场的电子信息、汽车零配件等生产。支持符合条件的边（跨）境经济合作区开展国家新型工业化产业示范基地建设，培育装备制造、仪器仪表等先进制造业，提升产业集群化、信息化发展水平。支持具备区位优势的边（跨）境经济合作区发展临港经济，培育运输组织、仓储中转、加工配送等功能。鼓励地方对边（跨）境经济合作区"双创"平台建设和适用技术研发转化工作给予特殊支持政策。

五、优化要素供给

（十）统筹各类财政资源支持。用好边界管理经费，优化边（跨）境经济合作区所涉边界项目设计。充分利用外经贸发展专项资金等现有资金和投资渠道，引导支持边（跨）境经济合作区高质量发展。支持沿边省区将边（跨）境经济合作区符合条件的政府投资项目纳入专项债券支持范围。

（十一）加大金融支持力度。支持银行开展跨境人民币双向贷款业务。推动将符合条件的边（跨）境经济合作区项目需求纳入商务部与相关金融机构的合作需求清单及相关跨境交易线上撮合平台、大数据等贸易融资体系，推广"白名单"、"信保贷"等合作模式，创新提供定制化金融产品和系统化金融解决方案，按规定加大对小微企业首贷和信用贷支持，合理确定利率和费率水平。

（十二）优化用地和用能管理。鼓励边（跨）境经济合作区所在地方政府通过创新产业用地分类、土地混合使用及实行用地弹性出让、长期租赁、先租后让、租让结合等供地方式，提高边（跨）境经济合作区节约集约用地水平。支持有关市县编制实施"小组团"滚动开发实施方案，有序开展建设。支持边（跨）境经济合作区有序发展清洁能源，结合资源分布情况，有序推进已有风电基地建设。优化完善边（跨）境经济合作区风电上网、进口国外电力相关管理政策，降低用能成本。

（十三）加强人才队伍建设。支持边（跨）境经济合作区及所在地方应用型本科高校、高职院校与国外高水平应用技术大学开展合作，建设产教融合、校企合作基地。增加博士服务团、"西部之光"访问学者等人才项目对边（跨）境经济合作区的支持，"订单式"培养专业人才。支持高端人才、技能人才灵活就业，强化服务保障，推动将边（跨）境经济合作区内企业纳入南南合作项目下技能开发网络等合作机制框架，享受政策咨询、实习培训等政策支持。

六、完善体制机制

（十四）建立健全工作协调机制。发挥好跨境经济合作区、边境经济合作区部际联席会议机制作用，鼓励建立省区政府层面的边（跨）境经济合作区联席会议制度，健全地方商务主管部门与外事、财政、自然资源、海关、移民等部门及边（跨）境经济合作区所在地方政府组成的工作机制，加强对边（跨）境经济合作区工作的统筹指导，协调推进重大事项、促进解决困难和问题，有效推动防范化解重大风险隐患。

（十五）优化边（跨）境经济合作区管理体制。支持地方明确边（跨）境经济合作区管理主体，按照优化协同高效原则完善机构设置和职能配置，按规定统筹使用各类编制资源。鼓励地方优先配齐配强边（跨）境经济合作区管理人才队伍和教育、卫生、农牧科技、工程技术等公共服务人员力量，改善其工作生活条件。赋予边（跨）境经济合作区更大改革创新自主权，支持地方向边（跨）境经济合作区赋予地（市）级经济管理权限。持续加大行政许可权改革、干部人事制度改革力度，创新园区开发建设和监管服务模式，激发市场活力和发展内生动力。

国家税务总局关于发布出口退税率文库 2023A 版的通知

2023 年 2 月 13 日　税总货劳函〔2023〕12 号

国家税务总局各省、自治区、直辖市和计划单列市税务局，国家税务总局驻各地特派员办事处：

根据进出口税则及海关商品编码调整情况，国家税务总局编制了 2023A 版出口退税率文库（以下简称文库）。现将有关事项通知如下：

一、文库放置在国家税务总局可控 FTP 系统（100.16.92.225:5088）"程序发布"目录下。请各地及时下载，对出口退税审核系统进行文库升级，并将文库及时发放给出口企业。

二、各地要严格执行出口退税率，严禁擅自改变出口退税率，一经发现，要追究相关人员责任。

三、对执行中发现的问题，请及时报告国家税务总局（货物和劳务税司）。

国家税务总局关于接续推出 2023 年"便民办税春风行动"第二批措施的通知

2023 年 2 月 20 日　税总纳服函〔2023〕13 号

国家税务总局各省、自治区、直辖市和计划单列市税务局，国家税务总局驻各地特派员办事处，局内各单位：

税收政策及解读
Tax Policy Interpretation

为深入学习贯彻党的二十大精神，认真落实中央经济工作会议部署，按照《国家税务总局关于开展2023年"便民办税春风行动"的意见》（税总纳服发〔2023〕1号）安排，税务总局结合纳税人缴费人新需求，推出第二批25条便民办税缴费接续措施，持续为激发市场主体活力、维护法治公平税收环境、推动高质量发展贡献力量。现通知如下：

一、诉求响应提质。坚持和发展新时代"枫桥经验"，通过设立调解室、成立专门团队等，畅通纳税人缴费人诉求表达、权益保障通道，充分发挥调解作用，推进税收争议化解在基层、化解于萌芽。持续发挥纳税缴费服务投诉分析改进机制作用，进一步优化办税缴费服务。按照"数据+规则"理念，聚焦纳税人缴费人需求，通过多种渠道开展更具针对性的税费优惠政策推送，不断提高政策精准推送质效。进一步优化自然人税收管理系统提示提醒等功能，为自然人纳税人提供精准导引服务。开展自然人税收管理系统用户体验评估，完善相关办税功能，提升自然人办税体验。

二、政策落实提效。优化完善税务总局官网税收政策法规库，进一步方便社会公众查询知晓税收政策。进一步通过大众媒体加强税费政策宣传，在报、网、端、微、屏广泛开展政策解读，强化政策送达的时效性、精准性，促进市场主体知政策、会操作、能享受。围绕新出台税费政策解读、操作指南等，及时制作图解、动漫、短视频等公众喜闻乐见的新媒体解读产品，依托微信、微博、抖音等平台组织开展网络接龙活动，提升政策知晓度和送达率。借助线上渠道，适时向大企业推送行业性税收政策，开展政策宣传，助力大企业精准适用政策。开展"税务青年助企惠民志愿行动"，组织广大税务青年以志愿服务的方式，为纳税人缴费人提供更为细致更有温度的服务，促进各项税费政策更加精准有效落地。

三、精细服务提档。推动相关区域进一步规范涵盖申报、发票、登记、账证、征收、检查等类别的税务行政处罚裁量基准，加强区域执法协同，推进税收征管和服务一体化，更好服务国家区域协调发展战略。抓好首批在全国复制推广的营商环境创新试点涉税改革举措落地，激发市场主体活力，服务高质量发展。结合数字化电子发票推广和新电子税务局建设，上线推广征纳互动服务，进一步提升服务质效。按照国务院有关部门部署，组织开展助力中小企业发展主题服务月活动，更好服务小微市场主体。深化税务与银保监部门"银税互动"数据直连试点，更加安全高效地助力小微企业缓解融资难融资贵问题。

四、智能办税提速。依托各地政务服务平台，持续推行社会保险经办和缴费业务线上"一网通办"。进一步优化自然人税收管理系统税务端功能，不断提升数字化、智能化水平，提升自然人纳税人办税便捷度。进一步扩大全国跨省异地电子缴税推广成果，会同国库部门推动更多商业银行优化完善系统功能，支持跨省资金清算，为跨省经营纳税人提供更加便利化的缴税方式，实现足不出户即可跨省缴税。

五、精简流程提级。优化电子税务局印花税申报，探索实现"一键零申报"，优化纳税人纳税申报体验。简化印花税申报流程，对银行、保险、烟草行业相同税目的应税合同探索实行合并申报并留存备查。推进土地出让类、电力能源类非税收入缴费指引在部分省局试点并适时修订完善后逐步推广，为缴费人提供便捷、高效、规范的缴费服务。推进职业伤害保障制度试点工作，优化征管流程，提升缴费服务。增加电力能源类非税收入汇算清缴相关系统功能，方便缴费人线上办理汇算清缴业务。

六、规范执法提升。对一般纳税人登记等领域的部分业务事项运用说服教育、提示提醒等非强制性执法方式，推动税务执法理念和方式手段变革，提升严格规范公正文明执法水平，维护纳税人缴费人合法权益。加强重大税收违法失信主体信息动态管理，积极开展信用修复工作，引导市场主体规范健康发展。

各级税务机关要切实加强组织领导，聚焦纳税人缴费人急难愁盼问题，结合工作实际，抓好便民办税缴费措施实施，推动各项措施及时落地见效，确保连续第10年开展的"便民办税春风行动"开局起势、持续深化，不断提升纳税人缴费人的获得感和满意度。

附件：2023年"便民办税春风行动"第二批接续措施工作任务安排表

附件

2023年"便民办税春风行动"第二批接续措施工作任务安排表

序号	类	具体措施
1	诉求响应提质	坚持和发展新时代"枫桥经验"，通过设立调解室、成立专门团队等，畅通纳税人缴费人诉求表达、权益保障通道，充分发挥调解作用，推进税收争议化解在基层、化解于萌芽。
2		持续发挥纳税缴费服务投诉分析改进机制作用，进一步优化办税缴费服务。
3		按照"数据+规则"理念，聚焦纳税人缴费人需求，通过多种渠道开展更具针对性的税费优惠政策推送，不断提高政策精准推送质效。
4		进一步优化自然人税收管理系统提示提醒等功能，为自然人纳税人提供精准导引服务。
5		开展自然人税收管理系统用户体验评估，完善相关办税功能，提升自然人办税体验。
6	政策落实提效	优化完善税务总局官网税收政策法规库，进一步方便社会公众查询知晓税收政策。
7		进一步通过大众媒体加强税费政策宣传，在报、网、端、微、屏广泛开展政策解读，强化政策送达的时效性、精准性，促进市场主体知政策、会操作、能享受。
8		围绕新出台税费政策解读、操作指南等，及时制作图解、动漫、短视频等公众喜闻乐见的新媒体解读产品，依托微信、微博、抖音等平台组织开展网络接龙活动，提升政策知晓度和送达率。
9		借助线上渠道，适时向大企业推送行业性税收政策，开展政策宣传，助力大企业精准适用政策。
10		开展"税务青年助企惠民志愿行动"，组织广大税务青年以志愿服务的方式，为纳税人缴费人提供更为细致更有温度的服务，促进各项税费政策更加精准有效落地。
11	精细服务提档	推动相关区域进一步规范涵盖申报、发票、登记、账证、征收、检查等类别的税务行政处罚裁量基准，加强区域执法协同，推进税收征管和服务一体化，更好服务国家区域协调发展战略。

(续表)

序号	类	具体措施
12	精细服务提档	抓好首批在全国复制推广的营商环境创新试点涉税改革举措落地,激发市场主体活力,服务高质量发展。
13		结合数字化电子发票推广和新电子税务局建设,上线推广征纳互动服务,进一步提升服务质效。
14		按照国务院有关部门部署,组织开展助力中小企业发展主题服务月活动,更好服务小微市场主体。
15		深化税务与银保监部门"银税互动"数据直连试点,更加安全高效地助力小微企业缓解融资难融资贵问题。
16	智能办税提速	依托各地政务服务平台,持续推行社会保险经办和缴费业务线上"一网通办"。
17		进一步优化自然人税收管理系统税务端功能,不断提升数字化、智能化水平,提升自然人纳税人办税便捷度。
18		进一步扩大全国跨省异地电子缴税推广成果,会同国库部门推动更多商业银行优化完善系统功能,支持跨省资金清算,为跨省经营纳税人提供更加便利化的缴税方式,实现足不出户即可跨省缴税。
19	精简流程提级	优化电子税务局印花税申报,探索实现"一键零申报",优化纳税人纳税申报体验。
20		简化印花税申报流程,对银行、保险、烟草行业相同税目的应税合同探索实行合并申报并留存备查。
21		推进土地出让类、电力能源类非税收入缴费指引在部分省局试点并适时修订完善后逐步推广,为缴费人提供便捷、高效、规范的缴费服务。
22		推进职业伤害保障制度试点工作,优化征管流程,提升缴费服务。
23		增加电力能源类非税收入汇算清缴相关系统功能,方便缴费人线上办理汇算清缴业务。
24	规范执法提升	对一般纳税人登记等领域的部分业务事项运用说服教育、提示提醒等非强制性执法方式,推动税务执法理念和方式手段变革,提升严格规范公正文明执法水平,维护纳税人缴费人合法权益。
25		加强重大税收违法失信主体信息动态管理,积极开展信用修复工作,引导市场主体规范健康发展。

国家发展改革委 工业和信息化部 财政部 海关总署 税务总局 关于做好 2023 年享受税收优惠政策的集成电路企业或项目、软件企业清单制定工作有关要求的通知

2023 年 3 月 17 日 发改高技〔2023〕287 号

各省、自治区、直辖市及计划单列市、新疆生产建设兵团发展改革委、工业和信息化主管部门、财政厅（局），海关总署广东分署、各直属海关，国家税务总局各省、自治区、直辖市、计划单列市税务局：

为促进我国集成电路产业持续健康发展，根据《国务院关于印发新时期促进集成电路产业和软件产业高质量发展若干政策的通知》（国发〔2020〕8 号，以下简称《若干政策》）及其配套政策有关规定，经研究，2023 年享受税收优惠政策的集成电路企业或项目、软件企业清单（以下简称"清单"）制定工作，延用 2022 年清单制定程序、享受税收优惠政策的企业条件和项目标准。现就有关事项通知如下：

一、本通知所称清单是指《若干政策》第（一）条提及的国家鼓励的集成电路线宽小于 28 纳米（含）、线宽小于 65 纳米（含）、线宽小于 130 纳米（含）的集成电路生产企业或项目的清单；《若干政策》第（三）、（六）、（七）、（八）条和《财政部 海关总署 税务总局关于支持集成电路产业和软件产业发展进口税收政策的通知》（财关税〔2021〕4 号）、《财政部 国家发展改革委 工业和信息化部 海关总署 税务总局关于支持集成电路产业和软件产业发展进口税收政策管理办法的通知》（财关税〔2021〕5 号）提及的国家鼓励的重点集成电路设计企业和软件企业，集成电路线宽小于 65 纳米（含）的逻辑电路、存储器生产企业，线宽小于 0.25 微米（含）的特色工艺集成电路生产企业，集成电路线宽小于 0.5 微米（含）的化合物集成电路生产企业和先进封装测试企业，集成电路产业的关键原材料、零配件（靶材、光刻胶、掩模版、封装载板、抛光垫、抛光液、8 英寸及以上硅单晶、8 英寸及以上硅片）生产企业，集成电路重大项目和承建企业的清单。

二、2022 年已列入清单的企业如需享受新一年度税收优惠政策（进口环节增值税分期纳税政策除外），2023 年需重新申报。申请列入清单的企业应于 2023 年 3 月 25 日至 4 月 16 日在信息填报系统（https://yyglxxbs.ndrc.gov.cn/xxbs-front/）中提交申请，并生成纸质文件加盖企业公章，连同必要证明材料（电子版、纸质版）报本省、自治区、直辖市及计划单列市、新疆生产建设兵团发展改革委或工业和信息化主管部门（由地方发展改革委确定接受单位）。经审计的企业会计报告须在提交申请时一并提交。

三、地方发改和工信部门根据企业条件和项目标准（附后），对企业申报的信息进行初核通过后，报送至国家发展改革委、工业和信息化部。《若干政策》第（一）、（三）、（六）、（七）条，以及财关税〔2021〕4 号文提及的集成电路产业的关键原材料、零配件生产企业清单，由国家发展改革委、工

业和信息化部、财政部、海关总署、税务总局进行联审确认并联合印发。《若干政策》第（八）条提及的集成电路重大项目，由国家发展改革委、工业和信息化部形成清单后函告财政部，财政部会同海关总署、税务总局最终确定。

四、清单印发前，企业可依据税务有关管理规定，先行按照企业条件和项目标准享受相关国内税收优惠政策。清单印发后，如企业未被列入清单，应按规定补缴已享受优惠的企业所得税款。申请享受《若干政策》第（一）、（三）、（六）、（七）条，以及财关税〔2021〕4号文提及的关税优惠政策的，可于汇算清缴结束前，从信息填报系统中查询是否列入清单。享受《若干政策》第（八）条优惠政策的，由企业所在地直属海关告知相关企业。

五、已享受《若干政策》第（一）、（三）、（六）、（七）条，以及财关税〔2021〕4号文提及的关税优惠政策的企业或项目发生更名、分立、合并、重组以及主营业务重大变化等情况，应及时向地方发改和工信部门报告，并于完成变更登记之日起60日内，将企业重大变化情况表和相关材料报送国家发展改革委、工业和信息化部（以省级部门上报文件落款日为准）。国家发展改革委、工业和信息化部会同相关部门确定发生变更情形后是否继续符合享受优惠政策的企业条件或项目标准。

六、地方发改和工信部门会同财政、海关、税务对清单内的企业加强日常监管。在监管过程中，如发现企业存在以虚报信息获得减免税资格问题，应及时联合核查，并联合上报国家发展改革委、工业和信息化部进行复核。国家发展改革委、工业和信息化部会同相关部门复核后，对确不符合享受优惠政策条件和标准的企业或项目，将函告财政部、海关总署、税务总局按相关规定处理。

七、企业对所提供材料和数据的真实性负责。申报企业应签署承诺书，承诺申报如出现失信行为，则接受有关部门按照法律、法规和国家有关规定处理，涉及违法行为的信息记入企业信用记录，纳入全国信用信息共享平台，并在"信用中国"网站公示。

八、本通知自印发之日起实施，并适用于企业享受2022年度企业所得税优惠政策和财关税〔2021〕4号文规定的进口税收政策。国家发展改革委、工业和信息化部会同相关部门，根据产业发展、技术进步等情况，对符合享受优惠政策的企业条件或项目标准适时调整。

附件：1.享受税收优惠政策的企业条件和项目标准
　　　2.重点集成电路设计领域和重点软件领域
　　　3.享受税收优惠政策的集成电路企业、项目和软件企业提交材料明细表
　　　4.企业重大变化情况表

附件1

享受税收优惠政策的企业条件和项目标准

一、《若干政策》第（一）条提及的国家鼓励的集成电路线宽小于28纳米（含）、线宽小于65纳米（含）、线宽小于130纳米（含）的集成电路生产企业或项目享受税收优惠政策条件如下：

（一）在中国境内（不包括港、澳、台地区）依法注册并具有独立法人资格的企业；

（二）符合国家布局规划和产业政策；

（三）汇算清缴年度，具有劳动合同关系或劳务派遣、聘用关系，其中具有本科及以上学历月平均职工人数占企业月平均职工总人数的比例不低于30%，研

究开发人员月平均数占企业月平均职工总数的比例不低于20%（从事8英寸及以下集成电路生产的不低于15%）；

（四）企业拥有关键核心技术和属于本企业的知识产权，并以此为基础开展经营活动，且汇算清缴年度研究开发费用总额占企业销售（营业）收入（主营业务收入与其他业务收入之和）总额的比例不低于2%（本条及下述研究开发费用政策口径，按照《财政部 国家税务总局 科技部关于完善研究开发费用税前加计扣除政策的通知》（财税〔2015〕119号）和《国家税务总局关于研发费用税前加计扣除归集范围有关问题的公告》（国家税务总局公告2017年第40号）的规定执行）；

（五）汇算清缴年度集成电路制造销售（营业）收入占企业收入总额的比例不低于60%；

（六）具有保证相关工艺线宽产品生产的手段和能力；

（七）汇算清缴年度未发生重大安全、重大质量事故或严重环境违法行为；

（八）对于按照集成电路生产项目享受税收优惠政策的，项目主体企业应符合相应的集成电路生产企业条件，且能够对该项目单独进行会计核算、计算所得，并合理分摊期间费用。

二、《若干政策》第（三）、（七）条提及的国家鼓励的重点集成电路设计企业享受税收优惠政策条件，除符合《中华人民共和国工业和信息化部 国家发展改革委 财政部 国家税务总局公告2021年第9号》规定的国家鼓励的集成电路设计企业条件外，还应符合以下条件：

（一）汇算清缴年度具有劳动合同关系或劳务派遣、聘用关系，其中具有本科及以上学月平均职工人数占企业月平均职工总人数的比例不低于50%，研究开发人员月平均数占企业月平均职工总数的比例不低于40%。

（二）拥有关键核心技术，并以此为基础开展经营活动，且汇算清缴年度研究开发费用总额占企业销售（营业）收入（主营业务收入与其他业务收入之和）总额的比例不低于6%。

（三）汇算清缴年度集成电路设计（含EDA工具、IP和设计服务，下同）销售（营业）收入占企业收入总额的比例不低于70%，其中集成电路自主设计销售（营业）收入占企业收入总额的比例不低于60%；对于集成电路设计销售（营业）收入超过50亿元的企业，汇算清缴年度集成电路设计销售（营业）收入占企业收入总额的比例不低于60%，其中集成电路自主设计销售（营业）收入占企业收入总额的比例不低于50%。

（四）企业拥有核心关键技术和属于本企业的知识产权，企业拥有与集成电路产品设计相关的已授权发明专利（企业为第一权利人）、布图设计登记、计算机软件著作权合计不少于8个。

除以上条件外，还应至少符合下列条件中的一项：

（一）汇算清缴年度，集成电路设计销售（营业）收入不低于5亿元，应纳税所得额不低于3000万元；对于集成电路设计销售（营业）收入不低于50亿元的企业，可不要求应纳税所得额，但研究开发费用总额占企业销售（营业）收入（主营业务收入与其他业务收入之和）总额的比例不低于8%。

（二）在国家鼓励的重点集成电路设计领域内（附件2），汇算清缴年度集成电路设计销售（营业）收入不低于3000万元，应纳税所得额不低于350万元。

三、《若干政策》第（三）、（七）条提及的国家鼓励的重点软件企业享受税收优惠政策条件，除符合《中华人民共和国工业和信息化部 国家发展改革委 财政部 国家税务总局公告2021年第10号》规定的国家鼓励的软件企业条件外，还应至少符合下列条件中的一项：

（一）专业开发基础软件、研发设计类工业软件的企业（具体领域说明见附件2，下同），汇算清缴年度软件产品开发销售及相关信息技术服务（营业）收入（其中相关信息技术服务是指实现软件产品功能直接相关的咨询设计、软件运维、数据服务，下同）不低于5000万元；汇算清缴年度研究开发费用总额占企业销售（营业）收入总额的比例不低于7%。

（二）专业开发生产控制类工业软件、新兴技术软件、信息安全软件的企业，汇算清缴年度软件产品开发销售及相关信息技术服务（营业）收入不低于1亿元；应纳税所得额不低于500万元；研究开发人员月平均数占企业月平均职工总数的比例不低于30%；汇算清缴年度研究开发费用总额占企业销售（营业）收入总额的比例不低于8%。

（三）专业开发重点领域应用软件、经营管理类工业软件、公有云服务软件、嵌入式软件的企业，汇算清缴年度软件产品开发销售及相关信息技术服务（营业）

收入不低于5亿元，应纳税所得额不低于2500万元；研究开发人员月平均数占企业月平均职工总数的比例不低于30%；汇算清缴年度研究开发费用总额占企业销售（营业）收入总额的比例不低于7%。

四、《若干政策》第（六）条提及的集成电路线宽小于65纳米（含）的逻辑电路、存储器生产企业、线宽小于0.25微米（含）的特色工艺集成电路生产企业、集成电路线宽小于0.5微米（含）的化合物集成电路生产企业，以及财关税〔2021〕4号文提及的集成电路产业的关键原材料、零配件（靶材、光刻胶、掩模版、封装载板、抛光垫、抛光液、8英寸及以上硅单晶、8英寸及以上硅片）生产企业享受税收优惠政策条件如下：

（一）在中国境内（不包括港、澳、台地区）依法注册并具有独立法人资格的企业；

（二）符合国家布局规划和产业政策；

（三）具有保证产品生产的手段和能力；

（四）汇算清缴年度未发生重大安全、重大质量事故或严重环境违法行为。

五、《若干政策》第（六）条提及的先进封装测试企业享受税收优惠政策条件如下：

（一）在中国境内（不包括港、澳、台地区）依法注册并具有独立法人资格的企业；

（二）符合国家布局规划和产业政策；

（三）汇算清缴年度企业先进封装测试（晶圆级封装、系统级封装、2.5维和3维封装）规划产能占总规划产能比例，按封装产品颗粒数或晶圆数（折合8英寸）计算不低于40%；

（四）具有保证产品生产的手段和能力；

（五）汇算清缴年度未发生重大安全、重大质量事故或严重环境违法行为。

六、《若干政策》第（八）条提及的集成电路重大项目企业享受税收优惠政策条件，除承建企业应符合本通知第四、五条的相对应规定条件外，项目还应符合下列对应条件中的一项：

（一）芯片制造类重大项目，需同时满足以下条件：

1. 符合国家布局规划和产业政策；

2. 对于不同工艺类型芯片制造项目，需分别满足以下条件：

（1）对于工艺线宽小于65纳米（含）的逻辑电路、存储器项目，固定资产总投资额需超过80亿元，规划月产能超过1万片（折合12英寸）；

（2）对于工艺线宽小于0.25微米（含）的模拟、数模混合、高压、射频、功率、光电集成、图像传感、微机电系统、绝缘体上硅工艺等特色芯片制造项目，固定资产总投资额超过10亿元，规划月产能超过1万片（折合8英寸）；

（3）对于工艺线宽小于0.5微米（含）的基于化合物集成电路制造项目，固定资产总投资额超过10亿元，规划月产能超过1万片（折合6英寸）。

（二）先进封装测试类重大项目，需同时满足以下条件：

1. 符合国家布局规划和产业政策；

2. 固定资产总投资额超过10亿元；

3. 封装规划年产能超过10亿颗芯片或50万片晶圆（折合8英寸）。

附件2

重点集成电路设计领域和重点软件领域

一、重点集成电路设计领域

如业务范围涉及多个领域，仅选择其中一个领域进行申请。选择领域的销售（营业）收入占本企业集成电路设计销售（营业）收入的比例不低于50%。

（一）高性能处理器和FPGA芯片；

（二）存储芯片；

（三）智能传感器；

（四）工业、通信、汽车和安全芯片；

（五）EDA、IP和设计服务。

二、重点软件领域

如业务范围涉及多个领域，仅选择其中一个领域进行申请。选择领域的软件产品开发及相关信息技术服务销售（营业）收入（其中相关信息技术服务是指实现选择领域软件产品功能直接相关的咨询设计、软件运维、数据服务）占本企业软件产品开发及相关信息技术服务销售（营业）收入的比例不低于50%。企业拥有所选择领域相应的发明专利不少于2项（企业为第一权利人），相应领域计算机软件著作权登记证书不少于2项（均应具备对应的测试报告）。

（一）基础软件：操作系统、数据库管理系统、中间件、通用办公软件、固件（BIOS）、开发支撑软件、少数民族语言文字编辑处理软件。

（二）研发设计类工业软件：虚拟仿真系统、计算机辅助设计（CAD）、计算机辅助工程（CAE）、计算机辅助制造（CAM）、计算机辅助工艺规划（CAPP）、建筑信息模型（BIM）、产品数据管理（PDM）软件。

（三）生产控制类工业软件：工业控制系统、制造执行系统（MES）、制造运行管理（MOM）、调度优化系统（ORION）、先进控制系统（APC）、安全仪表系统（SIS）、可编程控制器（PLC）。

（四）新兴技术软件：分布式计算、数据分析挖掘、可视化、数据采集清洗等大数据软件，人机交互、通用算法软件、基础算法库、工具链、机器学习和深度学习框架等人工智能软件，信息系统运行维护软件、超级计算软件，区块链软件，工业互联网平台软件，云管理软件，虚拟化软件。

（五）信息安全软件：信息系统安全、网络安全、密码算法、数据安全、安全测试等方面的软件。

（六）重点行业应用软件：面向党政机关、国防、能源、交通、物流、通信、广电、医疗、建筑、制造业、应急、社保、农业、水利、教育、金融财税、知识产权、检验检测、科学研究、公共安全、节能环保、自然资源、城市管理、地理信息领域的专业应用软件。

（七）经营管理类工业软件：企业资源计划（ERP）、供应链管理（SCM）、客户关系管理（CRM）、人力资源管理（HEM）、企业资产管理（EAM）、产品生命周期管理（PLM）、运维综合保障管理（MRO）软件及相关云服务。

（八）公有云服务软件：大型公有云IaaS、PaaS服务软件。

（九）嵌入式软件（软件收入比例不低于50%）：通信设备、汽车电子、交通监控设备、电子测量仪器、装备自动控制、电子医疗器械、计算机应用产品、终端设备等嵌入式软件及嵌入式软件开发环境相关软件。

（以上部分软件名词涵盖范围可参考国家标准GB/T 36475软件产品分类）

附件3

享受税收优惠政策的集成电路企业、项目和软件企业提交材料明细表

序号	企业或项目类型	材料清单（复印件须加盖企业公章）
一	享受《若干政策》第（一）条的集成电路生产企业或项目	1. 企业法人营业执照副本、企业取得的其他相关资质证书等。（可提供相应查询网址） 2. 项目备案文件（备案表）。（可提供相应查询网址） 3. 企业职工人数、学历结构、研究开发人员情况及其占职工总数的比例说明，企业研究开发人员名单，以及汇算清缴年度最后一个月的企业职工社会保险缴纳证明（包括劳务派遣人员代缴社保付款凭证）等相关证明材料。 4. 企业主要工艺、产品列表（名称/规格）。 5. 企业拥有与主营产品相关的发明专利等证明材料。 6. 经具有资质的中介机构鉴证的汇算清缴年度企业会计报告（包括会计报表、会计报表附注和财务情况说明书等）和集成电路制造销售（营业）收入、自有集成电路产品制造销售（营业）收入、研究开发费用等情况表；研究开发费用按财税〔2015〕119号文及国家税务总局2017年第40号公告要求的口径归集后，在会计报告中单独说明，不能说明的需提供按照上述口径的研究开发费用专项审计报告或税务鉴证报告。 7. 与主要客户签订的两份代表性销售合同复印件。 8. 企业具有保证产品生产的手段和能力的证明材料（包括采购设备清单等）。 9. 省级发展改革委（工业和信息化主管部门）要求出具的其他材料。

（续表）

序号	企业或项目类型	材料清单（复印件须加盖企业公章）
二	享受《若干政策》第（三）、（七）条的重点集成电路设计企业	1. 企业法人营业执照副本、企业取得的其他相关资质证书等。（可提供相应查询网址） 2. 企业职工人数、学历结构、研究开发人员情况及其占职工总数的比例说明，企业研究开发人员名单，以及汇算清缴年度最后一个月的企业职工社会保险缴纳证明（包括劳务派遣人员代缴社保付款凭证）等相关证明材料。 3. 企业开发销售的主要产品和服务列表（名称/重点领域/对应销售（营业）收入规模）。 4. 企业拥有与主营产品相关的不少于8项的已授权发明专利（企业为第一权利人）、布图设计登记、计算机软件著作权登记证书的证明材料。 5. 经具有资质的中介机构鉴证的汇算清缴年度企业会计报告（包括会计报表、会计报表附注和财务情况说明书等）和集成电路设计销售（营业）收入、集成电路自主设计销售（营业）收入、研究开发费用等情况表；研究开发费用按财税〔2015〕119号文及国家税务总局2017年第40号公告要求的口径归集后，在会计报告中单独说明，不能说明的需提供按照上述口径的研究开发费用专项审计报告或税务鉴证报告。 6. 第三方检测机构提供的集成电路产品测试报告或用户报告，以及与主要客户签订的两份代表性销售合同复印件。 7. 税务鉴证报告等可说明企业符合应纳税所得额条件的证明材料。 8. 企业具有与集成电路设计相适应的软硬件设施等开发环境的证明材料。 9. 省级发展改革委（工业和信息化主管部门）要求出具的其他材料。
三	享受《若干政策》第（三）、（七）的重点软件企业	1. 企业法人营业执照副本、企业取得的其他相关资质证书等。（可提供相应查询网址） 2. 企业职工人数、学历结构、研究开发人员情况及其占职工总数的比例说明，企业研究开发人员名单，以及汇算清缴年度最后一个月的企业职工社会保险缴纳证明（包括劳务派遣人员代缴社保付款凭证）等相关证明材料。 3. 企业开发销售的主要软件产品列表（名称/重点领域/对应销售（营业）收入规模）；其中申报公有云服务软件企业应明确区分列明企业公有云、私有云、混合云收入。 4. 企业具有所申报领域相应的已授权发明专利不少于2项（企业为第一权利人），相应领域计算机软件著作权登记证书不少于2项（均应具备对应的测试报告）的证明材料。 5. 经具有资质的中介机构鉴证的汇算清缴年度企业会计报告（包括会计报表、会计报表附注和财务情况说明书等）和软件产品开发销售及相关信息技术服务（营业）收入、软件产品自主开发销售（营业）收入、研究开发费用、境内研究开发费用等情况表；研究开发费用按财税〔2015〕119号文及国家税务总局2017年第40号公告要求的口径归集后，在会计报告中单独说明，不能说明的需提供按照上述口径的研究开发费用专项审计报告或税务鉴证报告；其中申报嵌入式软件企业应明确企业软硬件收入情况，并提供合同、发票等软件收入比例不低于50%的证明材料（不要求提供全部合同，仅需提供能证明符合申报条件的大额合同及合同中的必要内容）。 6. 汇算清缴年度与申报领域相关的合同列表（包含甲乙方、单价、总金额、交易内容、签约和付款时间等信息），以及发票等销售凭证。 7. 与主要客户签订的两份代表性销售合同复印件。

（续表）

序号	企业或项目类型	材料清单（复印件须加盖企业公章）
三	享受《若干政策》第（三）、（七）的重点软件企业	8. 税务鉴证报告等可说明企业符合应纳税所得额条件的证明材料。 9. 企业具有与软件开发相适应软硬件设施等开发环境（如合法的开发工具等）的证明材料。 10. 省级发展改革委（工业和信息化主管部门）要求出具的其他材料。
四	享受《若干政策》第（六）条的集成电路生产企业和财关税〔2021〕4号文提及的关键原材料、零配件生产企业	1. 企业法人营业执照副本、企业取得的其他相关资质证书等。（可提供相应查询网址） 2. 项目备案文件（备案表）（可提供相应查询网址）。 3. 企业具有保证产品生产的手段和能力的证明材料（包括采购设备清单等），先进封装、测试企业需提供按封装产品颗粒数或晶圆数（折合8英寸）计算，先进封装测试（晶圆级封装、系统级封装、2.5维和3维封装）规划产能占总规划产能比例不低于40%的证明材料。 4. 省级发展改革委（工业和信息化主管部门）要求出具的其他材料。
五	享受《若干政策》第（八）条的集成电路重大项目	1. 项目企业对应类别集成电路企业条件材料清单。 2. 固定资产总投资额相关证明材料。 3. 项目开工时间、拟竣工时间、备案时间、项目类型、产品类型、工艺线宽、总规划产能、先进封装测试规划产能、2020年7月27日后申请进口环节增值税分期纳税的首台新设备进口时间、进口设备总金额、进口环节增值税额的相关证明材料。 4. 省级发展改革委（工业和信息化主管部门）要求出具的其他材料。

注：上述企业类型、材料清单依据国发〔2020〕8号文制定，材料模板请询省级发展改革委（工业和信息化主管部门），填报说明见信息填报系统。

附件4

企业重大变化情况表

原企业信息

企业名称（中文）					
统一社会信用代码					
类型					
注册资本					
成立日期					
营业期限					
经营范围					
联系地址				邮政编码	
联系人		手机		座机		电子邮箱	

(续表)

企业性质	□国有 □外商独资 □中外合资 □股份制 □民营 □其他				
是否上市企业	□是（上市地点、日期、代码＿＿＿＿＿＿＿＿＿＿）				□否
是否高新技术企业	□是 □否（非必填）	高新技术企业认定日期	（非必填）	高新技术企业认定证书号	（非必填）

变更后企业信息

企业名称（中文）	
统一社会信用代码	
类型	
注册资本	
成立日期	
营业期限	
经营范围	
变更原因	（包括企业或项目发生更名、分立、合并、重组以及主营业务重大变化等情况）
承诺	（承诺不以变更企业名称方式重复享受相关政策优惠。）

注：附新旧企业法人营业执照（副本）扫描件，能够说明变更情况的具有法律效力的证明材料及省级发展改革委（工业和信息化主管部门）要求的其他说明材料。

海关总署　财政部　税务总局
关于增加海南离岛免税购物"担保即提"
和"即购即提"提货方式的公告

2023 年 3 月 18 日　海关总署　财政部　税务总局公告 2023 年第 25 号

为支持海南自由贸易港建设，进一步提升离岛旅客购物体验，现就增加海南离岛旅客免税购物提货方式公告如下：

一、增加"担保即提"和"即购即提"提货方式

离岛旅客凭有效身份证件或旅行证件和离岛信息在海南离岛免税商店（不含网上销售窗口）购买免税品时，除在机场、火车站、码头指定区域提货以及可选择邮寄送达或岛内居民返岛提取方式外，可对

单价超过 5 万元（含）的免税品选择"担保即提"提货方式，可对单价不超过 2 万元（不含）且在本公告附件清单内的免税品选择"即购即提"提货方式。使用"担保即提""即购即提"方式购买的离岛免税品属于消费者个人使用的最终商品，应一次性携带离岛，不得再次销售。

二、"担保即提"提货方式

（一）离岛旅客每次离岛前购买单价超过 5 万元（含）的免税品，可选择"担保即提"方式提货，离岛旅客除支付购物货款外，在向海关提交相当于进境物品进口税的担保后可现场提货。此方式下所购免税品不得在岛内使用。

（二）旅客离岛时需要对所购商品退还担保的，应当由本人主动向海关申请验核尚未启用或消费的免税品，并提交免税品购物凭证和本人有效身份证件或旅行证件。经海关验核，对旅客交验的免税品与购物信息相符的，海关在购物凭证上确认签章。

（三）有下列情形之一的，海关不予办理离岛旅客验核签章手续：

1. 离岛旅客交验免税品已经启用或已经消费的；
2. 离岛旅客交验免税品与购物凭证所列不符的；
3. 购物人员信息与交验离岛旅客本人信息不符的。

（四）经海关实物验核通过且购物旅客本人已实际离岛的，海关退还担保。对于购物旅客本人自购物之日起超过 30 天未离岛、未主动向海关申请验核免税品或未通过验核的，相关担保直接转为税款。

三、"即购即提"提货方式

离岛旅客每次离岛前购买本公告附件清单所列免税品时，对于单价不超过 2 万元（不含）的免税品，可以按照每人每类免税品限购数量的要求，选择"即购即提"方式提货。离岛旅客支付货款后可现场提货，离岛环节海关不验核实物。

四、相关法律责任

（一）离岛旅客使用上述两种方式提货，自购物之日起，离岛时间不得超过 30 天（含）；对于超过 30 天未离岛且无法说明正当理由的，三年内不得购买离岛免税品。对于构成走私行为或违反海关监管规定行为的，由海关依照有关规定予以处理，构成犯罪的，依法追究刑事责任。

（二）对于离岛免税商店未按规定销售免税品的，由海关根据《中华人民共和国海关行政处罚实施条例》第二十六条、《中华人民共和国海关对免税商店及免税品监管办法》第二十八条相关规定予以处理。

（三）对海南离岛旅客免税购物"担保即提"和"即购即提"方式的其他监管事项，按照海关总署公告 2020 年第 79 号（关于发布海南离岛旅客免税购物监管办法的公告）有关规定执行。

本公告自 2023 年 4 月 1 日起执行。财政部、海关总署、税务总局公告 2020 年第 33 号（关于海南离岛旅客免税购物政策的公告）中其他规定继续执行。

特此公告。

附件：允许"即购即提"方式提货的离岛免税商品清单

附件

允许"即购即提"方式提货的离岛免税商品清单

序号	商品品种	每人每次离岛限购数
1	化妆品	5件（单一品种限1件）
2	香水	1瓶
3	太阳眼镜	1副
4	服装服饰	1件
5	丝巾	1件
6	鞋帽	1件
7	箱包	1件
8	尿不湿	3包
9	婴幼儿配方奶粉	3罐（包）
10	糖果	3件
11	剃须刀	1件
12	转换插头	1个
13	体育用品	1个
14	玩具（含童车）	1件（套）
15	皮带	1件

财政部　税务总局
关于继续实施物流企业大宗商品仓储设施用地
城镇土地使用税优惠政策的公告

2023年3月26日　财政部　税务总局公告2023年第5号

为促进物流业健康发展，继续实施物流企业大宗商品仓储设施用地城镇土地使用税优惠政策。现将有关政策公告如下：

一、自2023年1月1日起至2027年12月31日止，对物流企业自有（包括自用和出租）或承租的大宗商品仓储设施用地，减按所属土地等级适用税额标准的50%计征城镇土地使用税。

二、本公告所称物流企业，是指至少从事仓储或运输一种经营业务，为工农业生产、流通、进出口和居民生活提供仓储、配送等第三方物流服务，实行独立核算、独立承担民事责任，并在工商部门注册登记为物流、仓储或运输的专业物流企业。

本公告所称大宗商品仓储设施，是指同一仓储设施占地面积在6000平方米及以上，且主要储存粮食、棉花、油料、糖料、蔬菜、水果、肉类、水产品、化肥、农药、种子、饲料等农产品和农业生产资料，煤炭、焦炭、矿砂、非金属矿产品、原油、成品油、化工原料、木材、橡胶、纸浆及纸制品、钢材、水泥、有色金属、建材、塑料、纺织原料等矿产品和工业原材料的仓储设施。

本公告所称仓储设施用地，包括仓库库区内的各类仓房（含配送中心）、油罐（池）、货场、晒场（堆场）、罩棚等储存设施和铁路专用线、码头、道路、装卸搬运区域等物流作业配套设施的用地。

三、物流企业的办公、生活区用地及其他非直接用于大宗商品仓储的土地，不属于本公告规定的减税范围，应按规定征收城镇土地使用税。

四、本公告印发之日前已缴纳的应予减征的税款，在纳税人以后应缴税款中抵减或者予以退还。

五、纳税人享受本公告规定的减税政策，应按规定进行减免税申报，并将不动产权属证明、土地用途证明、租赁协议等资料留存备查。

财政部 税务总局
关于小微企业和个体工商户所得税优惠政策的公告

2023年3月26日 财政部 税务总局公告2023年第6号

为支持小微企业和个体工商户发展，现将有关税收政策公告如下：

一、对小型微利企业年应纳税所得额不超过100万元的部分，减按25%计入应纳税所得额，按20%的税率缴纳企业所得税。

二、对个体工商户年应纳税所得额不超过100万元的部分，在现行优惠政策基础上，减半征收个人所得税。

三、本公告所称小型微利企业，是指从事国家非限制和禁止行业，且同时符合年度应纳税所得额不超过300万元、从业人数不超过300人、资产总额不超过5000万元等三个条件的企业。

从业人数，包括与企业建立劳动关系的职工人数和企业接受的劳务派遣用工人数。所称从业人数和资产总额指标，应按企业全年的季度平均值确定。具体计算公式如下：

$$季度平均值=（季初值+季末值）\div 2$$

$$全年季度平均值=全年各季度平均值之和\div 4$$

年度中间开业或者终止经营活动的，以其实际经营期作为一个纳税年度确定上述相关指标。

四、本公告执行期限为2023年1月1日至2024年12月31日。

特此公告。

财政部 税务总局
关于进一步完善研发费用税前加计扣除政策的公告

2023 年 3 月 26 日　财政部　税务总局公告 2023 年第 7 号

为进一步激励企业加大研发投入，更好地支持科技创新，现就企业研发费用税前加计扣除政策有关问题公告如下：

一、企业开展研发活动中实际发生的研发费用，未形成无形资产计入当期损益的，在按规定据实扣除的基础上，自 2023 年 1 月 1 日起，再按照实际发生额的 100% 在税前加计扣除；形成无形资产的，自 2023 年 1 月 1 日起，按照无形资产成本的 200% 在税前摊销。

二、企业享受研发费用加计扣除政策的其他政策口径和管理要求，按照《财政部　国家税务总局　科技部关于完善研究开发费用税前加计扣除政策的通知》（财税〔2015〕119 号）、《财政部　税务总局　科技部关于企业委托境外研究开发费用税前加计扣除有关政策问题的通知》（财税〔2018〕64 号）等文件相关规定执行。

三、本公告自 2023 年 1 月 1 日起执行，《财政部　税务总局关于进一步完善研发费用税前加计扣除政策的公告》（财政部　税务总局公告 2021 年第 13 号）、《财政部　税务总局　科技部关于进一步提高科技型中小企业研发费用税前加计扣除比例的公告》（财政部　税务总局　科技部公告 2022 年第 16 号）、《财政部　税务总局　科技部关于加大支持科技创新税前扣除力度的公告》（财政部　税务总局　科技部公告 2022 年第 28 号）同时废止。

特此公告。

国家税务总局关于落实支持个体工商户
发展个人所得税优惠政策有关事项的公告

2023 年 3 月 26 日　国家税务总局公告 2023 年第 5 号

为贯彻落实《财政部　税务总局关于小微企业和个体工商户所得税优惠政策的公告》（2023 年第 6 号），进一步支持个体工商户发展，现就有关事项公告如下：

一、对个体工商户经营所得年应纳税所得额不超过 100 万元的部分，在现行优惠政策基础上，再减半征收个人所得税。个体工商户不区分征收方式，均可享受。

二、个体工商户在预缴税款时即可享受，其年应纳税所得额暂按截至本期申报所属期末的情况进行判断，并在年度汇算清缴时按年计算、多退少补。若个体工商户从两处以上取得经营所得，需在办理年度汇总纳税申报时，合并个体工商户经营所得年应纳税所得额，重新计算减免税额，多退少补。

三、个体工商户按照以下方法计算减免税额：

减免税额＝（个体工商户经营所得应纳税所得额不超过100万元部分的应纳税额－其他政策减免税额×个体工商户经营所得应纳税所得额不超过100万元部分÷经营所得应纳税所得额）×（1－50%）

四、个体工商户需将按上述方法计算得出的减免税额填入对应经营所得纳税申报表"减免税额"栏次，并附报《个人所得税减免税事项报告表》。对于通过电子税务局申报的个体工商户，税务机关将提供该优惠政策减免税额和报告表的预填服务。实行简易申报的定期定额个体工商户，税务机关按照减免后的税额进行税款划缴。

五、本公告自2023年1月1日起施行，2024年12月31日终止执行。2023年1月1日至本公告发布前，个体工商户已经缴纳经营所得个人所得税的，可自动抵减以后月份的税款，当年抵减不完的可在汇算清缴时办理退税；也可直接申请退还应减免的税款。

特此公告。

政策解读

关于《国家税务总局关于落实支持个体工商户发展个人所得税优惠政策有关事项的公告》的解读

根据《财政部 税务总局关于小微企业和个体工商户所得税优惠政策的公告》（2023年第6号）的规定，税务总局发布了《国家税务总局关于落实支持个体工商户发展个人所得税优惠政策有关事项的公告》（以下简称《公告》）。现解读如下：

一、为什么要制发《公告》？

为贯彻落实党中央、国务院决策部署，支持个体工商户发展，财政部和税务总局联合下发《财政部 税务总局关于小微企业和个体工商户所得税优惠政策的公告》（2023年第6号），将个体工商户减半征税的个人所得税优惠政策（以下简称减半政策）延期到2024年12月31日。为及时明确政策执行口径，确保减税政策落实到位，个体工商户应享尽享，我们制发了此项《公告》。

二、税收优惠政策的适用范围是什么？

个体工商户不区分征收方式，均可享受减半政策。

三、享受税收优惠政策的程序是怎样的？

个体工商户在预缴和汇算清缴个人所得税时均可享受减半政策，享受政策时无需进行备案，通过填写个人所得税纳税申报表和减免税事项报告表相关栏次，即可享受。对于通过电子税务局申报的个体工商户，税务机关将自动为其提供申报表和报告表中该项政策的预填服务。实行简易申报的定期定额个体工商户，税务机关按照减免后的税额进行税款划缴。

四、取得多处经营所得的个体工商户如何享受优惠政策？

按照现行政策规定，纳税人从两处以上取得经营所得的，应当选择向其中一处经营管理所在地主管税务机关办理年度汇总申报。若个体工商户从两处以上取得经营所得，需在办理年度汇总纳税申报时，合并个体工商户经营所得年应纳税所得额，重新计算减免税额，多退少补。举例如下：

【例1】纳税人张某同时经营个体工商户A和个体工商户B，年应纳税所得额分别为80万元和50万元，那么张某在年度汇总纳税申报时，可以享受减半征收个人所得税政策的应纳税所得额为100万元。

五、减免税额怎么计算？

为了让纳税人准确享受税收政策，《公告》规定了减免税额的计算公式：

减免税额＝（个体工商户经营所得应纳税所得额不超过100万元部分的应纳税额－其他政策减免税额×个体工商户经营所得应纳税所得额不超过100万元部分÷经营所得应纳税所得额）×（1-50%）

举例说明如下：

【例2】纳税人李某经营个体工商户C，年应纳税所得额为80000元（适用税率10%，速算扣除数1500），同时可以享受残疾人政策减免税额2000元，那么李某该项政策的减免税额＝［（80000×10%-1500）-2000］×（1-50%）=2250元。

【例3】纳税人吴某经营个体工商户D，年应纳税所得额为1200000元（适用税率35%，速算扣除数65500），同时可以享受残疾人政策减免税额6000元，那么吴某该项政策的减免税额＝［（1000000×35%-65500）-6000×1000000÷1200000］×（1-50%）=139750元。

实际上，这一计算规则我们已经内嵌到电子税务局信息系统中，税务机关将为纳税人提供申报表和报告表预填服务，符合条件的纳税人准确、如实填报经营情况数据，系统可自动计算减免税金额。

六、个体工商户今年经营所得已缴税款的，还能享受优惠政策吗？

为向纳税人最大程度释放减税红利，个体工商户今年经营所得已经缴纳税款的，也能享受税收优惠。具体办法是，2023年1月1日至本公告发布前，个体工商户已经缴纳当年经营所得个人所得税的，可自动抵减以后月份的税款，当年抵减不完的可在汇算清缴时办理退税；也可直接申请退还应减免的税款。

国家税务总局关于落实小型微利企业所得税优惠政策征管问题的公告

2023年3月27日 国家税务总局公告2023年第6号

为支持小微企业发展，落实好小型微利企业所得税优惠政策，现就有关征管问题公告如下：

一、符合财政部、税务总局规定的小型微利企业条件的企业（以下简称小型微利企业），按照相关政策规定享受小型微利企业所得税优惠政策。

企业设立不具有法人资格分支机构的，应当汇总计算总机构及其各分支机构的从业人数、资产总额、年度应纳税所得额，依据合计数判断是否符合小型微利企业条件。

二、小型微利企业无论按查账征收方式或核定征收方式缴纳企业所得税，均可享受小型微利企业所得税优惠政策。

三、小型微利企业在预缴和汇算清缴企业所得税时，通过填写纳税申报表，即可享受小型微利企业所得税优惠政策。

小型微利企业应准确填报基础信息，包括从业人数、资产总额、年度应纳税所得额、国家限制或禁止行业等，信息系统将为小型微利企业智能预填优惠项目、自动计算减免税额。

四、小型微利企业预缴企业所得税时，从业人数、资产总额、年度应纳税所得额指标，暂按当年度截至本期预缴申报所属期末的情况进行判断。

五、原不符合小型微利企业条件的企业，在年度中间预缴企业所得税时，按照相关政策标准判断符合小型微利企业条件的，应按照截至本期预缴申报所属期末的累计情况，计算减免税额。当年度此前期间如因不符合小型微利企业条件而多预缴的企业所得税税款，可在以后季度应预缴的企业所得税税款中抵减。

六、企业预缴企业所得税时享受了小型微利企业所得税优惠政策，但在汇算清缴时发现不符合相关政策标准的，应当按照规定补缴企业所得税税款。

七、小型微利企业所得税统一实行按季度预缴。

按月度预缴企业所得税的企业，在当年度4月、7月、10月预缴申报时，若按相关政策标准判断符合小型微利企业条件的，下一个预缴申报期起调整为按季度预缴申报，一经调整，当年度内不再变更。

八、本公告自2023年1月1日起施行。《国家税务总局关于小型微利企业所得税优惠政策征管问题的公告》（2022年第5号）同时废止。

特此公告。

政策解读

关于《国家税务总局关于落实小型微利企业所得税优惠政策征管问题的公告》的解读

为落实好小型微利企业所得税优惠政策，税务总局发布《国家税务总局关于落实小型微利企业所得税优惠政策征管问题的公告》（以下简称《公告》）。现解读如下：

一、制发《公告》的背景是什么？

为贯彻落实党中央、国务院决策部署，财政部和税务总局发布《关于小微企业和个体工商户所得税优惠政策的公告》（2023年第6号），对小型微利企业年应纳税所得额不超过100万元部分所得税优惠政策进行优化。为确保小型微利企业所得税优惠政策落实到位，支持小微企业发展，税务总局制发《公告》，对有关征管问题进行明确。

二、税收政策中的小型微利企业是指什么？

小型微利企业是指符合财政部、税务总局规定的可以享受小型微利企业所得税优惠政策的居民企业。目前，居民企业可按照《财政部 税务总局关于进一步实施小微企业所得税优惠政策的公告》（2022年第13号）、《财政部 税务总局关于小微企业和个体工商户所得税优惠政策的公告》（2023年第6号）相关规定，享受小型微利企业所得税优惠政策。今后如调整政策，从其规定。

三、企业设立不具有法人资格的分支机构，如何适用小型微利企业所得税优惠政策？

现行企业所得税实行法人税制，企业应以法人为主体，计算并缴纳企业所得税。《中华人民共和国企业所得税法》第五十条第二款规定，居民企业在中国境内设立不具有法人资格的营业机构的，应当汇总计算并缴纳企业所得税。因此，企业设立不具有法人资格分支机构的，应当先汇总计算总机构及其各分支机构的从业人数、资产总额、年度应纳税所得额，再依据各指标的合计数判断是否符合小型微利企业条件。

四、小型微利企业所得税优惠政策的办理程序？

符合条件的小型微利企业通过填写纳税申报表，即可便捷享受优惠政策，无需其他手续。小型微利企业应准确填报从业人数、资产总额、国家限制或禁止行业等基础信息，计算应纳税所得额后，信息系统将利用相关数据，为小型微利企业智能预填优惠项目、自动计算减免税额。

五、在预缴企业所得税时，企业如何享受优惠政策？

首先，判断是否符合条件。企业在年度中间预缴企业所得税时，按照政策标准判断符合小型微利企业条件的，即可享受优惠政策。资产总额、从业人数、年度应纳税所得额指标，暂按当年度截至本期预缴申报所属期末的情况进行判断。其中，资产总额、从业人数指标按照政策标准中"全年季度平均值"的计算公式，计算截至本期预缴申报所属期末的季度平均值。其次，按照政策规定计算应纳税额。今后如调整政策，从其规定，计算方法以此类推。示例如下：

例：A企业2022年成立，从事国家非限制和禁止行业，2023年1季度季初、季末的从业人数分别为120人、200人，1季度季初、季末的资产总额分别为2000万元、4000万元，1季度的应纳税所得额为90万元。

解析：2023年1季度，A企业"从业人数"的季度平均值为160人，"资产总额"的季度平均值为3000万元，应纳税所得额为90万元。符合关于小型微利企业预缴企业所得税时的判断标准：从事国家非限制和禁止行业，且同时符合截至本期预缴申报所属期末资产总额季度平均值不超过5000万元、从业人数季度平均值不超过300人、应纳税所得额不超过300万元，可以享受优惠政策。

《财政部 税务总局关于小微企业和个体工商户所得税优惠政策的公告》（2023年第6号）规定，对小型微利企业年应纳税所得额不超过100万元的部分，减按25%计入应纳税所得额，按20%的税率缴纳企业所得税。因此，A企业1季度的应纳税额为：$90×25\%×20\%=4.5$（万元）。

六、《公告》的实施时间

企业所得税按纳税年度计算，《公告》自2023年1月1日起施行。《国家税务总局关于小型微利企业所得税优惠政策征管问题的公告》（2022年第5号）同时废止。

人力资源社会保障部 财政部 国家税务总局
关于阶段性降低失业保险、工伤保险费率有关问题的通知

2023年3月29日 人社部发〔2023〕19号

各省、自治区、直辖市及新疆生产建设兵团人力资源社会保障厅（局）、财政（财务）厅（局），国家税务总局各省、自治区、直辖市和计划单列市税务局：

为进一步减轻企业负担，增强企业活力，促进就业稳定，经国务院同意，现就阶段性降低失业保险、工伤保险费率有关问题通知如下：

一、自2023年5月1日起，继续实施阶段性降低失业保险费率至1%的政策，实施期限延长至2024年底。在省（区、市）行政区域内，单位及个人的费率应当统一，个人费率不得超过单位费率。

二、自2023年5月1日起，按照《国务院办公厅关于印发降低社会保险费率综合方案的通知》（国办发〔2019〕13号）有关实施条件，继续实施阶段性降低工伤保险费率政策，实施期限延长至2024年底。

三、各地要加强失业保险、工伤保险基金运行分析，平衡好降费率与保发放之间的关系，既要确保降费率政策落实，也要确保待遇按时足额发放，确保制度运行安全平稳可持续。

四、各地要继续按照国家有关规定进一步规范缴费比例、缴费基数等相关政策，不得自行出台降低缴费基数、减免社会保险费等减少基金收入的政策。

五、各地人力资源社会保障、税务部门要按规定开展降费核算工作，并按月及时上报有关情况。

阶段性降低失业保险、工伤保险费率政策性强，社会关注度高。各地要把思想和行动统一到党中央、国务院决策部署上来，加强组织领导，精心组织实施。各地贯彻落实本通知情况以及执行中遇到的问题，请及时向人力资源社会保障部、财政部、国家税务总局报告。

研发费用税前加计扣除新政指引

一、研发费用加计扣除的具体政策

【适用主体】

除烟草制造业、住宿和餐饮业、批发和零售业、房地产业、租赁和商务服务业、娱乐业等以外，其他行业企业均可享受。

【优惠内容】

企业开展研发活动中实际发生的研发费用，未形成无形资产计入当期损益的，在按规定据实扣除的

基础上,自 2023 年 1 月 1 日起,再按照实际发生额的 100% 在税前加计扣除;形成无形资产的,自 2023 年 1 月 1 日起,按照无形资产成本的 200% 在税前摊销。

上述政策作为制度性安排长期实施。

【政策依据】

1.《财政部 国家税务总局 科技部关于完善研究开发费用税前加计扣除政策的通知》(财税〔2015〕119 号)

2.《财政部 税务总局关于进一步完善研发费用税前加计扣除政策的公告》(2023 年第 7 号)

二、研发费用加计扣除政策的适用活动范围

【适用主体】

除烟草制造业、住宿和餐饮业、批发和零售业、房地产业、租赁和商务服务业、娱乐业等以外,其他行业企业均可享受。

【适用活动】

企业为获得科学与技术新知识,创造性运用科学技术新知识,或实质性改进技术、产品(服务)、工艺而持续进行的具有明确目标的系统性活动。

下列活动不适用税前加计扣除政策:

1. 企业产品(服务)的常规性升级。

2. 对某项科研成果的直接应用,如直接采用公开的新工艺、材料、装置、产品、服务或知识等。

3. 企业在商品化后为顾客提供的技术支持活动。

4. 对现存产品、服务、技术、材料或工艺流程进行的重复或简单改变。

5. 市场调查研究、效率调查或管理研究。

6. 作为工业(服务)流程环节或常规的质量控制、测试分析、维修维护。

7. 社会科学、艺术或人文学方面的研究。

【政策依据】

《财政部 国家税务总局 科技部关于完善研究开发费用税前加计扣除政策的通知》(财税〔2015〕119 号)

三、可加计扣除的研发费用范围

【适用主体】

除烟草制造业、住宿和餐饮业、批发和零售业、房地产业、租赁和商务服务业、娱乐业等以外,其他行业企业均可享受。

【优惠内容】

1. 人员人工费用。

直接从事研发活动人员的工资薪金、基本养老保险费、基本医疗保险费、失业保险费、工伤保险费、生育保险费和住房公积金,以及外聘研发人员的劳务费用。

2. 直接投入费用。

(1)研发活动直接消耗的材料、燃料和动力费用。

（2）用于中间试验和产品试制的模具、工艺装备开发及制造费，不构成固定资产的样品、样机及一般测试手段购置费，试制产品的检验费。

（3）用于研发活动的仪器、设备的运行维护、调整、检验、维修等费用，以及通过经营租赁方式租入的用于研发活动的仪器、设备租赁费。

3. 折旧费用。

用于研发活动的仪器、设备的折旧费。

4. 无形资产摊销。

用于研发活动的软件、专利权、非专利技术（包括许可证、专有技术、设计和计算方法等）的摊销费用。

5. 新产品设计费、新工艺规程制定费、新药研制的临床试验费、勘探开发技术的现场试验费。

6. 其他相关费用。

与研发活动直接相关的其他费用，如技术图书资料费、资料翻译费、专家咨询费、高新科技研发保险费，研发成果的检索、分析、评议、论证、鉴定、评审、评估、验收费用，知识产权的申请费、注册费、代理费，差旅费、会议费，职工福利费、补充养老保险费、补充医疗保险费。此类费用总额不得超过可加计扣除研发费用总额的10%。

【政策依据】

1.《财政部 国家税务总局 科技部关于完善研究开发费用税前加计扣除政策的通知》（财税〔2015〕119号）

2.《国家税务总局关于研发费用税前加计扣除归集范围有关问题的公告》（2017年第40号）

四、委托、合作、集中研发费用加计扣除政策

【适用主体】

除烟草制造业、住宿和餐饮业、批发和零售业、房地产业、租赁和商务服务业、娱乐业等以外，其他行业企业均可享受。

【判定标准】

1. 企业委托外部机构或个人进行研发活动所发生的费用，按照费用实际发生额的80%计入委托方研发费用并计算加计扣除，受托方不得再进行加计扣除。委托境外进行研发活动所发生的费用，按照费用实际发生额的80%计入委托方的委托境外研发费用。委托境外研发费用不超过境内符合条件的研发费用三分之二的部分，可以按规定在企业所得税前加计扣除。

2. 企业共同合作开发的项目，由合作各方就自身实际承担的研发费用分别计算加计扣除。

3. 企业集团根据生产经营和科技开发的实际情况，对技术要求高、投资数额大，需要集中研发的项目，其实际发生的研发费用，可以按照权利和义务相一致、费用支出和收益分享相配比的原则，合理确定研发费用的分摊方法，在受益成员企业间进行分摊，由相关成员企业分别计算加计扣除。

【政策依据】

1.《财政部 国家税务总局 科技部关于完善研究开发费用税前加计扣除政策的通知》（财税〔2015〕119号）

2.《财政部 税务总局 科技部关于企业委托境外研究开发费用税前加计扣除有关政策问题的通知》

（财税〔2018〕64号）

五、研发费用加计扣除政策会计核算与管理

【适用主体】

除烟草制造业、住宿和餐饮业、批发和零售业、房地产业、租赁和商务服务业、娱乐业等以外，其他行业企业均可享受。

【优惠内容】

1. 企业应按照国家财务会计制度要求，对研发支出进行会计处理；同时，对享受加计扣除的研发费用按研发项目设置辅助账，准确归集核算当年可加计扣除的各项研发费用实际发生额。企业在一个纳税年度内进行多项研发活动的，应按照不同研发项目分别归集可加计扣除的研发费用。

2. 企业应对研发费用和生产经营费用分别核算，准确、合理归集各项费用支出，对划分不清的，不得实行加计扣除。

【政策依据】

《财政部 国家税务总局 科技部关于完善研究开发费用税前加计扣除政策的通知》（财税〔2015〕119号）

主要涉税文件目录（2023年第1季度）

序号	文件名称	文　号	发文日期
1	国家税务总局关于开展2023年"便民办税春风行动"的意见	税总纳服发〔2023〕1号	2023年1月1日
2	国家税务总局关于进一步实施部分税务证明事项告知承诺制的公告	国家税务总局公告2023年第2号	2023年1月5日
3	财政部 税务总局关于明确增值税小规模纳税人减免增值税等政策的公告	财政部 税务总局公告2023年第1号	2023年1月9日
4	国家税务总局关于增值税小规模纳税人减免增值税等政策有关征管事项的公告	国家税务总局公告2023年第1号	2023年1月9日
5	财政部 税务总局关于延续实施有关个人所得税优惠政策的公告	财政部 税务总局公告2023年第2号	2023年1月16日
6	财政部 海关总署 税务总局关于跨境电子商务出口退运商品税收政策的公告	财政部 海关总署 税务总局公告2023年第4号	2023年1月30日

(续表)

序号	文件名称	文　号	发文日期
7	国家税务总局　工业和信息化部关于发布《免征车辆购置税的设有固定装置的非运输专用作业车辆目录》（第八批）的公告	国家税务总局　工业和信息化部公告2023年第4号	2023年2月2日
8	国家税务总局关于办理2022年度个人所得税综合所得汇算清缴事项的公告	国家税务总局公告2023年第3号	2023年2月2日
9	商务部　中央编办　外交部　发展改革委　教育部　工业和信息化部　财政部　人力资源社会保障部　自然资源部　住房城乡建设部　文化和旅游部　人民银行　海关总署　税务总局　国际发展合作署　移民局　外汇局关于服务构建新发展格局推动边（跨）境经济合作区高质量发展若干措施的通知	商资发〔2023〕18号	2023年2月7日
10	国家税务总局关于发布出口退税率文库2023A版的通知	税总货劳函〔2023〕12号	2023年2月13日
11	国家税务总局关于接续推出2023年"便民办税春风行动"第二批措施的通知	税总纳服函〔2023〕13号	2023年2月20日
12	国家发展改革委　工业和信息化部　财政部　海关总署　税务总局关于做好2023年享受税收优惠政策的集成电路企业或项目、软件企业清单制定工作有关要求的通知	发改高技〔2023〕287号	2023年3月17日
13	海关总署　财政部　税务总局关于增加海南离岛免税购物"担保即提"和"即购即提"提货方式的公告	海关总署　财政部　税务总局公告2023年第25号	2023年3月18日
14	财政部　税务总局关于继续实施物流企业大宗商品仓储设施用地城镇土地使用税优惠政策的公告	财政部　税务总局公告2023年第5号	2023年3月26日
15	财政部　税务总局关于小微企业和个体工商户所得税优惠政策的公告	财政部　税务总局公告2023年第6号	2023年3月26日
16	财政部　税务总局关于进一步完善研发费用税前加计扣除政策的公告	财政部　税务总局公告2023年第7号	2023年3月26日
17	国家税务总局关于落实支持个体工商户发展个人所得税优惠政策有关事项的公告	国家税务总局公告2023年第5号	2023年3月26日

(续表)

序号	文件名称	文　号	发文日期
18	国家税务总局关于落实小型微利企业所得税优惠政策征管问题的公告	国家税务总局公告2023年第6号	2023年3月27日
19	人力资源社会保障部　财政部　国家税务总局关于阶段性降低失业保险、工伤保险费率有关问题的通知	人社部发〔2023〕19号	2023年3月29日
20	研发费用税前加计扣除新政指引	（国家税务总局发布）	2023年3月29日

中国税收要事（2023年第1季度）

1月

6日

国家税务总局党委召开理论学习中心组学习（扩大）会议，税务总局班子成员和全国税务系统司局级主要领导干部围绕学习贯彻党的二十大精神进行集中学习和研讨。税务总局党委书记、局长王军主持会议并强调，全国税务系统要更加紧密团结在以习近平同志为核心的党中央周围，坚持以习近平新时代中国特色社会主义思想为指导，全面贯彻落实党的二十大及中央经济工作会议精神，更加深刻领悟"两个确立"的决定性意义，增强"四个意识"、坚定"四个自信"、做到"两个维护"，深学笃信悟思想，守正创新再出发，奋力推动税收现代化更好服务中国式现代化，为全面建设社会主义现代化国家、全面推进中华民族伟大复兴作出新的更大贡献。此次会议作为税务总局领导班子2022年度民主生活会前开展的一次集体学习，税务总局党委理论学习中心组成员聚焦学习贯彻党的二十大精神和中央政治局民主生活会精神，作交流发言。全国税务系统司局级主要领导干部围绕学习贯彻党的二十大精神，深入推进税收现代化，更好服务中国式现代化进行专题研讨。

12日

国家税务总局党委书记、局长王军主持召开党委（扩大）会议，传达学习习近平总书记在二十届中央纪委二次全会上的重要讲话和全会精神，对总局机关和税务系统抓好贯彻落实工作作出部署。中央纪委国家监委驻税务总局纪检监察组组长、税务总局党委委员李建明结合参加全会情况谈了认识体会，并就深入推进税务系统全面从严治党提出要求。

16日

国家税务总局党委书记、局长王军主持召开2022年度税务总局领导班子民主生活会。会上通报了税务总局党史学习教育专题民主生活会和巡视整改专题民主生活会整改措施落实情况。围绕"带头深刻领悟'两个确立'的决定性意义"等六方面内容，王军代表税务总局党委作了对照检查并带头作个人对照检查，党委其他同志依次发言，直奔主题、直面问题，把自己摆进去、把职责摆进去、把工作摆进去，逐条查摆、逐项梳理，深刻挖掘问题根源，有针对性地提出整改措施。班子成员之间坦诚相见，严肃开展相互批评，做到相互提醒、相互帮助、相互监督，体现了真关心真帮助，达到团结—批评—团结的目的。

17日

全国税务工作会议在北京召开。会议以习近平新时代中国特色社会主义思想为指导，深入学习贯彻党的二十大精神，认真落实中央经济工作会议部署要求，传达学习国务院领导同志对税收工作的重要批示精神，总结2022年税收工作和党的十九大以来及新时代十年税收现代化建设成效，研究税收现代化服务中国式现代化的思路举措，部署2023年重点工作任务。国家税务总局党委书

附录

记、局长王军作工作报告。会议以视频形式召开，税务总局党委委员、副局长姚来英主持会议。税务总局领导、各司局和在京直属单位主要负责人在主会场参加会议。中央纪委国家监委驻税务总局纪检监察组有关负责同志列席会议。各省级税务局、税务总局驻各地特派办、税务总局干部学院班子成员和内设机构主要负责同志，中国财税博物馆负责同志在各地分会场参加会议。中央和国家机关有关部门负责同志应邀出席会议。

28日

农历新年上班第一天，国家税务总局机关及全国各地税务局、税务总局驻各地特派办统一举行简朴而庄重的升国旗仪式，感念党恩、礼敬国旗、祝福祖国，激励广大税务干部以更加昂扬的奋斗姿态启航新征程、谱写新篇章。税务总局党委书记、局长王军出席总局机关升国旗仪式并讲话。

2月

1日

国家税务总局以党委（扩大）会议形式，接续召开2022年度省级税务局"一把手"述责述廉、党委书记抓党建述职评议会议，并延伸听取了部分基层税务局党委书记抓党建述职报告。税务总局党委书记、局长王军进行点评并讲话强调，各级税务局党委要坚持以习近平新时代中国特色社会主义思想为指导，深入学习贯彻党的二十大和二十届中央纪委二次全会精神，坚定捍卫"两个确立"，坚决做到"两个维护"，一以贯之加强党对税收工作的全面领导，着力健全税务系统全面从严治党体系，引领保障新征程税收现代化更好服务中国式现代化。中央纪委国家监委驻税务总局纪检监察组组长、税务总局党委委员李建明就学习贯彻党的二十大和二十届中央纪委二次全会精神、推进税务系统全面从严治党工作提出要求。上海市税务局、湖北省税务局、大连市税务局及税务总局驻重庆特派办"一把手"通过视频依次作述责述廉；河北省税务局、甘肃省税务局、宁波市税务局和重庆市璧山区税务局、福建省闽侯县税务局党委书记通过视频依次进行抓党建述职。

2日

国家税务总局党委书记、局长王军实地督导天津市税务局党委民主生活会，并到基层税务机关慰问调研。王军强调，各级税务局党委要在全面贯彻习近平新时代中国特色社会主义思想上持续下真功、求长效，深入学习贯彻党的二十大精神，以开好党委民主生活会为契机，进一步凝心聚力、开拓进取、争先创优，推动新征程税收现代化更好服务中国式现代化。

13日

国家税务总局党委书记、局长王军主持召开党委（扩大）会议，传达学习贯彻习近平总书记在新进中央委员会的委员、候补委员和省部级主要领导干部学习贯彻习近平新时代中国特色社会主义思想和党的二十大精神研讨班开班式上的重要讲话精神，研究部署税务系统贯彻落实措施，要求各级税务局党委和税务系统广大党员干部全面深入把握中国式现代化的中国特色、本质要求和重大原则，为大力推进中国式现代化、全面建成社会主义现代化强国忠诚履职尽责、强化使命担当。

20日

全国税务系统全面从严治党工作会议在京召开。会议坚持以习近平新时代中国特色社会主义思想为指导，深入学习贯彻党的二十大和二十届中央纪委二次全会精神，总结2022年税务系统全面从严治党工作和党的十九大以来税务系统全面从严治党成效，部署2023年重点任务，着力健全完善税务系统全面从严治党体系，为新征程税收现代化服务中国式现代化提供坚强引领保障。税务总局党委书记、局长王军作工作报告，中央纪委国家监委驻税务总局纪检监察组组长、税务总局党委委员李建明讲话。

3月

2日

国家税务总局党委书记、局长王军主持召开党委（扩大）会议，传达学习党的二十届二中全会精神，强调全国税务系统要切实把思想和行动统一到以习近平同志为核心的党中央作出的重大决策部署上来，以时不我待的紧迫感和"时时放心不下"的责任感，奋力推动税收现代化更好服务中国式现代化。

14日

国家税务总局党委书记、局长王军主持召开党委（扩大）会议，传达学习贯彻习近平总书记在全国两会期间的重要讲话和全国两会精神，强调全国税务系统要迅速把思想和行动统一到习近平总书记重要讲话精神上来，坚决贯彻落实全国两会各项部署要求，主动适应新形势，积极开拓新局面，努力展现新作为，进一步发挥和拓展提升税收职能作用，以永不懈怠的精神状态和一往无前的奋斗姿态，守正创新奋力推进新征程税收现代化，更好服务中国式现代化。税务总局党委委员、副局长刘丽坚，税务总局副局长赵静，江西省税务局党委书记、局长范扎根三位全国政协委员，四川省税务局党委书记、局长李杰，云南省税务局党委书记、局长姜涛，银川市税务局纳税服务中心副主任马丽三位全国人大代表，分别结合自身参加两会情况谈了心得体会，一致表示将以高度政治自觉认真履行好职责使命，决不辜负党和人民的信任与重托。

16日

"一带一路"税收征管合作机制圆桌会议顺利举行，各方围绕"一带一路"税收征管能力促进联盟（以下简称联盟）课程体系1.0版运行推广、《"一带一路"税收（英文）》期刊建设（以下简称期刊）和第四届"一带一路"税收征管合作论坛筹备工作建言献策、凝聚共识。"一带一路"税收征管合作机制理事会成员、观察员、专家咨询委员会成员及期刊编委会成员参会，合作机制秘书处秘书长、中国国家税务总局副局长王道树主持会议。

20日

国家税务总局机关举行升国旗仪式，激励广大税务干部职工进一步深入贯彻落实习近平总书记在全国两会期间的重要讲话和全国两会精神，落实落细新一届国务院各项部署要求，立足新起点、展现新作为、开拓新局面，凝心聚力、守正创新，以更加昂扬的斗志阔步新征程、建功新时代。税务总局党委书记、局长王军出席升国旗仪式并讲话，税务总局党委委员、副局长姚来英主持仪式。

27日—28日

国家税务总局党委书记、局长王军赴河南省郑州市、开封市兰考县调研，深入基层税务部门和办税缴费一线问需问计问策，并围绕加强基层税务局政治机关建设，主持召开包括河南、江苏、山东、安徽等地8位市县级税务局主要负责同志参加的座谈会，广泛听取各方意见建议，进一步发挥和拓展提升税收职能作用，更好服务中国式现代化。

28日—29日

国家税务总局党委书记、局长赴陕西省西安市调研，聚焦更好更快落实延续和优化实施的阶段性税费优惠政策，主持召开包括高端制造、科技创新、商贸服务和文化旅游等行业的企业代表参加的税企座谈会，听意见、问需求，并深入办税服务厅察实情、谋实策，更好发挥和拓展提升税收职能作用，助力经济社会高质量发展。王军局长在陕西省税务局、税务总局驻西安特派办分别组织召开税务干部座谈会，听取各方意见建议。

30日

国家税务总局、教育部、司法部联合举办

附录

的第 32 个全国税收宣传月启动仪式暨青少年税收普法专题活动在北京中国人民大学附属中学举行,由此拉开了今年 4 月全国税收宣传月的大幕。国家税务总局党委书记、局长王军,教育部党组成员、副部长孙尧,司法部党组成员、副部长、全国普法办副主任左力,税务总局党委委员、副局长王道树,人大附中暨联合总校党委书记、人大附中校长刘小惠,著名作家梁晓声等出席活动。